Pour Francine

En souvenir du 1er

Avril 95

F.Q.S.A.

Amitiés

[signature]

Couverture
- Photo de la page couverture:
  MARYSE RAYMOND
- Photo de la couverture arrière:
  GÉRARD HUGUENEY
- Conception graphique:
  KATHERINE SAPON
- Remerciements au magasin Stokes qui a gracieusement prêté les pièces de vaisselle.

Maquette intérieure
- Montage et photocomposition:
  COMPOTECH INC.
- Photos:
  CLAUDE-SIMON LANGLOIS
- Photos noir et blanc:
  GÉRARD et NICOLE HUGUENEY

Équipe de révision
Anne Benoit, Jean Bernier, Patricia Juste,
Marie-Hélène Leblanc, Jean-Pierre Leroux, Linda Nantel,
Paule Noyart, Robert Pellerin, Jacqueline Vandycke

DISTRIBUTEURS EXCLUSIFS:

- Pour le Canada:
  AGENCE DE DISTRIBUTION POPULAIRE INC.*
  955, rue Amherst, Montréal H2L 3K4 (tél.: 514-523-1182)
  * Filiale de Sogides Ltée

- Pour la France et l'Afrique:
  INTER-FORUM
  13, rue de la Glacière, 75013 Paris (tél.: (1) 43-37-11-80)

- Pour la Belgique et autres pays:
  S. A. VANDER
  Avenue des Volontaires, 321, 1150 Bruxelles
  (tél.: (32-2) 762.98.04)

Le Cuisinier-Chasseur

Gérard Hugueney

**RECETTES NOUVELLES
POUR APPRÊTER
GIBIER ET POISSONS
DU QUÉBEC**

LES ÉDITIONS DE L'HOMME *

CANADA: 955, rue Amherst, Montréal H2L 3K4

*Division de Sogides Ltée

Données de catalogage avant publication (Canada)

Hugueney, Gérard

   Le cuisinier-chasseur

   (Collection Chasse et pêche)

   2-7619-0624-1

   1. Cuisine (Gibier). 2. Cuisine (Poisson). I.
Titre. II. Collection.

TX751.H83 1986   641.6'91   C86-096316-0

Bibliothèque nationale du Québec
Dépôt légal — 3ᵉ trimestre 1986

ISBN 2-7619-0624-1

La collection «Chasse et Pêche» regroupe des ouvrages d'auteurs chevronnés et reconnus pour leurs connaissances des techniques cynégétiques, halieutiques et des arts connexes. Ils partagent avec vous leurs secrets, leurs méthodes et leurs techniques.

Une collection qui vous permettra de mieux connaître et de mieux apprécier les activités de plein-air que sont la chasse et la pêche et qui se veut une invitation à l'aventure.

Bonne lecture
Le directeur de collection

Serge -J. Vincent

Introduction

Le cuisinier-chasseur

Élevé entre villages et forêts, entre vignes et labours, côtoyant chaque matin la rivière pour aller à l'école, j'étais un gamin heureux. Je vivais dans la maison de mon garde-chasse de père, la dernière du bourg. Après, c'était les champs et la liberté. Le soir, il y était plus souvent question de pêche d'étang et d'élevage de faisans que de politique. Avec une mère permissive qui me laissait cheval sauvage, courir au fond des chemins creux et des taillis, où merles et fauvettes furent mes premières proies. Plus rien ni personne ne pourrait en changer le cours.

À quatorze ans, certificat d'études primaires en poche, je me retrouvais apprenti cuisinier dans un petit hôtel à la limite du Berry, presque en Sologne. Trois ans j'allais ramer dans cette galère pour décrocher mon C.A.P. S'il n'y avait eu qu'à apprendre la cuisine et suivre les cours itinérants de commerce et de gestion, c'eût été agréable malgré les heures infernales que nous imposait la vie de l'hôtel. Comme les apprentis du boulanger, du boucher, du pâtissier étaient logés à la même enseigne, nous ne nous plaignions pas. Huit heures par jour et congés fériés ne faisaient pas partie de nos droits! En 61, la société des loisirs n'avait pas été inventée, du moins elle balbutiait dans le fond de ma province. Être apprenti, cela sous-entendait faire toutes les basses besognes sans salaire. Du récurage des marmites aux lavabos, des escaliers à cirer aux poubelles, il n'y avait pas de répit. Et s'il nous restait du temps, il fallait nourrir les cochons, les pigeons, laver la voiture du patron... et le soir dans la chambre minable, mal éclairée, que nous partagions à trois, il nous fallait encore faire nos devoirs.

Heureusement, chaque automne il y avait l'arrivée des messieurs de Paris. Ils louaient, pour la saison, une chasse dans la région. Ils descendaient chaque week-end. Ils étaient beaux, des géants dans leurs vêtements de la capitale, élégants, précieux, le teint blafard, les mains blanches aux ongles faits. Pas de comparaison possible avec les paysans rougeauds du coin, portant ample, le velours côtelé, marchant d'un pas lourd dans les guérets, leurs grosses mains gercées au fond des poches et le fusil à deux canons en bandoulière.

Ces messieurs de la grande ville sortaient de rutilantes bagnoles, des armes reluisantes semi-automatiques et lâchaient dans la cour de l'hôtel une meute de grands chiens d'arrêt. Le soir, je me glissais derrière le bar. C'était le seul moment où j'aimais laver les verres; je les écoutais se raconter. Ils parlaient d'Espagne, de Hongrie, d'Afrique, de grandes chasses et parfois du Canada. Dans l'odeur des cigarettes blondes et du whisky écossais, je décollais, mes rêves n'avaient plus de fin. Il était loin mon père, comme je le trouvais petit avec son pauvre métier. Lui qui rentrait à la nuit tombée, le visage violacé par le froid et la pluie. Sa journée passée dans les halliers de Rouvre-les-Bois à guetter les «bracos». Il avait les mains rugueuses et ses fox-terriers hirsutes n'avaient rien des grands pointers. Lorsqu'il m'embrassait, je n'aimais pas l'odeur qui se dégageait de ses vêtements humides. Et quand il retirait de ses mains gercées sa casquette imprégnée de sueur, je n'avais pas envie de marcher dans ses pas.

Lorsque, couteau en main, je me suis retrouvé gamin chétif devant mon premier cuissot de sanglier, je fus paralysé par la peur. Mon patron d'apprentissage, fin cuisinier, redoutable saucier, excellent chef avait une méthode pédagogique peu orthodoxe. En trois coups de gueule, il m'expliqua la marche à suivre et disparut, m'abandonnant avec mes quatorze ans, mon angoisse et une folle envie d'aller pleurer dans ma chambre. Les autres apprentis de la cuisine, morts de peur, n'osaient pas venir m'aider. J'ai donc résolument planté mon couteau à désosser dans la chair sauvage. Deux minutes plus tard, je m'entaillais profondément la main. Pour soins, je n'eus droit qu'à un: «Pas grave, c'est le métier qui rentre!» Dire que des cons parlent de ce temps-là comme du bon vieux temps. Ce qui fit de moi un cuisinier, ce n'est pas ce bonhomme, mais les odeurs. Une fois dépouillée et désossée, la cuisse de sanglier fut mise à mariner. Thym, laurier, persil, oignons, carottes, vinaigre, vin rouge, poivre, genièvre, tous ces parfums mélangés à l'odeur fauve de la bête me grisaient. Ç'en était fait de moi, je serai cuisinier-chasseur...

Parfois, marchant dans les fougères roussies par l'automne, les vêtements humides, de mes mains gercées j'enlève ma casquette imprégnée de sueur, je pense aux

11

messieurs de la capitale. Je ne les ai plus enviés le jour où j'ai compris que j'avais des racines dans le ventre de la terre.

Ville Sainte-Catherine
6 avril 1986

Mode de préparation des filets de poissons (doré, brochet, achigan, saumon, etc.).

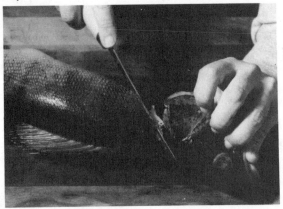

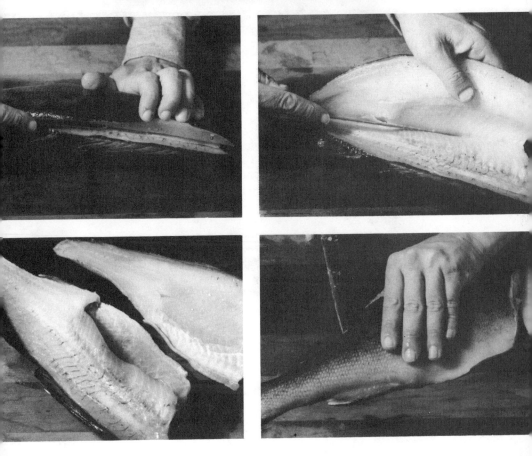

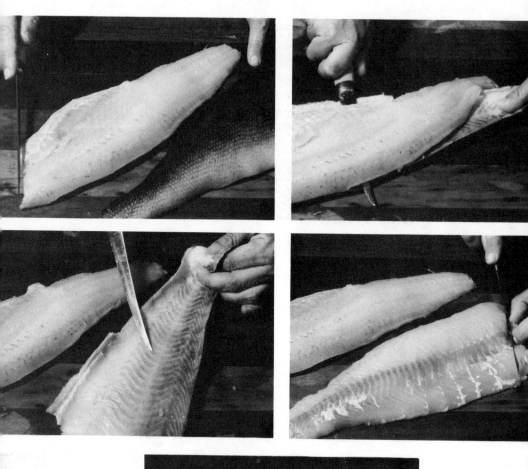

Mode de préparation des suprêmes de gibier à plume (gélinotte, canard, oie, etc.).

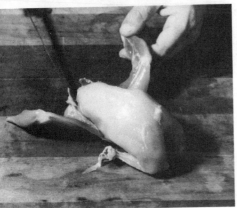

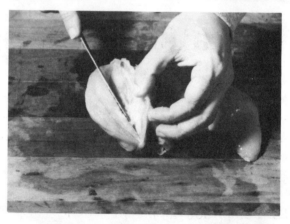
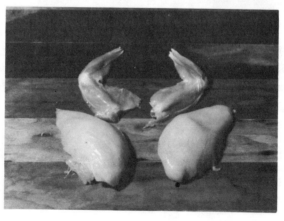

Conservation du poisson

Conserver son poisson n'est pas toujours facile. L'éloignement, la chaleur, la négligence sont des facteurs qui souvent transforment une excursion de pêche fructueuse en désastre.

Trois modes de consommation prévalent dans nos habitudes:

1. La consommation immédiate: pendant la partie de pêche.
2. La consommation après la pêche: de retour au chalet ou au campement.
3. La consommation à la maison: parfois de longs mois après le retour de vacances.

Dans le premier cas, la fraîcheur de la chair n'est pas mise en doute. La valeur gustative et nutritive du poisson est à son plus haut niveau. Le mode de cuisson est le seul élément qui puisse en détériorer le goût. Je traite le sujet plus en profondeur dans la recette des truites sous la braise.

Pour ceux qui font des expéditions sans glace ni froid. Creusez un trou profond dans le sol au pied d'un arbre. Couvrez le fond de branches de sapin. Enveloppez vos poissons entiers vidés dans du papier journal. Recouvrez de branches de sapin et de mousse humide. Saupoudrez le couvert végétal de poivre noir moulu, une bonne dose. Ratons laveurs, visons et autres petits prédateurs resteront éloignés. Pour l'ours je n'ai pas de truc. C'est parfois le tribut qu'il faut payer à la nature.

Il n'est pas vrai que les poissons d'été sont moins bons. Ils sont seulement plus difficiles à conserver en raison des fortes chaleurs de notre climat continental. Avec un peu de soins et d'attention, il est facile de remédier au problème. Au diable la croyance populaire!

La consommation immédiate au retour de la pêche est, je crois, le meilleur moment pour goûter pleinement les saveurs du poisson. Même si parfois, au campement ou au chalet, le matériel de cuisson est rudimentaire. Il nous est possible d'accorder à la préparation une attention plus grande, nous pouvons préparer des recettes plus savantes, plus imaginatives que les éternels filets cuits dans la graisse de bacon.

Généralement, le poisson ramené à la maison prend le chemin du congélateur. Bien souvent, c'est là que le gâchis commence.

L'idéal serait de surgeler les prises comme le font les pêcheurs de haute mer. Sitôt capturées, elles sont nettoyées, filetées et surgelées rapidement à des températures de moins de 35°C, puis entreposées dans des congélateurs à température constante de moins de 18°C.

Il nous est impossible d'employer la même technique, mais nous pouvons quand même en tirer profit. La rapidité de préparation et de congélation, la température basse et constante d'entreposage sont les leçons que nous devons apprendre et mettre en pratique.

L'idéal pour la conservation de longue garde, c'est le congélateur tombeau. Il devient un coffre-fort où les prises petites ou grosses, entières ou filetées, sont jalousement gardées. Le rangement doit y être de rigueur, les paquets identifiés, datés et répertoriés. Régulièrement, vous y faites un inventaire pour ne pas oublier au fond quelques truites chèrement acquises.

J'emploie pour la conservation sérieuse, la méthode de la couche de glace. Elle protège les chairs de la déshydratation et des brûlures par le froid.

Après avoir nettoyé et paré mes poissons entiers ou en filets (toujours garder la peau), je les aligne sans les chevaucher sur de grands cartons recouverts de papier ciré, côté peau pour les filets. Je les fais raidir au froid, puis les plonge rapidement dans un bac rempli d'eau. À nouveau, je les passe au congélateur. Je répète l'opération cinq à six fois, tant et aussi longtemps qu'ils ne sont pas recouverts d'une épaisse pellicule de glace. Puis, je les emballe dans des sacs en plastique pour congélateur, en prenant soin d'aspirer l'air. Je pose mes étiquettes, identifie et date le paquet.

S'il n'est pas facile de conserver son poisson, il n'est pas toujours facile de le capturer non plus. Routes forestières en mauvais état, sentiers de montagne impraticables, pluies, vents, moustiques, froidure et soleil de feu sont nos ennemis. Nous dépensons une énergie et des sommes considérables pour parvenir à nos fins. Après avoir rêvé et attendu bien souvent tout l'hiver le moment ultime, des pêcheurs perdent le fruit de la récolte par négligence ou par ignorance.

Combien de fois ai-je observé des gens négliger des prises attachées à une chaîne, le ventre à l'air dans l'eau chaude d'un débarcadère. J'ai aussi vu des poissons laissés simplement sous un superbe soleil de juillet au fond d'une chaloupe. Fatigués d'un long séjour sur l'eau, nos pêcheurs n'ont qu'une envie, se désaltérer et s'allonger un peu. Trop souvent, une bière devient deux puis trois. Le petit repos se transforme en sommeil profond. Lorsque l'oeil hagard nos pêcheurs refont surface, il se fait tard. Ils pensent enfin à leurs poissons. Ratatinés au fond de la barque, comme ils leur semblent petits, peu appétissants. Certains les mangent. D'autres trouvent que le poisson d'eau chaude n'est pas fameux. Et enfin, pour quelques-uns, le «fouet» à la peau ridée, les perchaudes ridicules et sans joie finissent au fond d'une poubelle ou dans les buissons de la rive.

Il existe pourtant des trucs faciles.

La chaîne, pour les espèces robustes — brochet, doré, achigan —, est un moyen efficace de garder vos prises. Le poisson doit être accroché au mousqueton par la mâchoire inférieure, non pas par les branchies, ce qui entraverait la respiration de la bête, la menant à une agonie certaine. Tout poisson mort ne doit pas séjourner dans l'eau. Pour les espèces fragiles comme l'omble de fontaine, l'engin est à proscrire. Je conserve mes truites sous la mousse humide dans un grand panier en osier ou dans la pince du canot. Les poissons de pêche sportive, s'ils ne sont pas gardés en vivier, doivent être éviscérés le plus rapidement possible, puis mis au froid sur la glace ou au réfrigérateur. Ne jamais les congeler plusieurs fois et lorsqu'ils le sont, c'est pour de bon tel que décrit au début du texte.

L'alose

Il est inutile d'entreprendre un chapitre sur l'alose. Ce poisson anadrome ne reste pas longtemps dans nos eaux, à peine 8 jours fin mai début juin. Il n'est capturé que par un nombre restreint de pêcheurs. Il vient pour la fraie et retourne en mer.

Les spécimens capturés le sont en majorité dans la rivière des Prairies au barrage de l'Hydro.

L'alose est un poisson à chair fine, malheureusement bourrée d'arêtes. C'est la raison pour laquelle elle est classée comme la carpe miroir, bonne pour le chat. Il reste que c'est un poisson d'une grande combativité qu'il vaut mieux retourner à la rivière après la capture plutôt que de le laisser sécher sur la rive, ou baigner ventre en l'air dans l'eau chaude et peu profonde du rivage.

Au cours de mes recherches sur l'alose, j'ai retrouvé d'anciennes recettes d'aloses de Loire. Nous faisions cuire l'alose à l'oseille. Le poisson était couché sur le lit d'oseille de 500 g (1 lb), ce qui représente un volume important. Nous ajoutions sur le dessus une couche égale d'oseille, le tout mouillé avec 2 bouteilles de sauvignon. Le poisson était poché à petit feu environ 30 minutes pour une alose de 1,8 à 2,25 kg (4 à 5 lb), puis tenu au chaud une bonne heure. L'acidité de l'oseille fait disparaître les arêtes.

L'oseille ne pousse pas à profusion dans les jardins du Québec; il est donc pratiquement impossible de réaliser cette recette.

L'alose fraîche coupée en tranches, grillée ou poêlée, servie avec un beurre composé (voir recettes aux pages 296 à 299), est un excellent plat du mois de juin. La pince à épiler est de rigueur avant la cuisson. Même en employant cette dernière, vous ne parviendrez pas à retirer toutes les arêtes. Il faut donc déguster l'alose avec précaution, sous peine d'en faire un rejet à tout jamais.

Filets d'achigan aux écrevisses

Cette recette provient elle aussi des bords de la rivière du Lièvre. Lorsque la récolte des écrevisses était particulièrement abondante, j'en servais avec tous mes poissons.

Pour 4 personnes
Préparation: 40 min
Cuisson: 6 min

Ingrédients

4 filets d'achigan de 180 g (6 oz)
40 écrevisses de rivière
2 litres (8 tasses) de court-bouillon
180 ml (6 oz) de vin blanc
30 ml (1 oz) de brandy
420 ml (14 oz) de fumet de poisson
2 échalotes séchées hachées
4 c. à soupe (4 c. à table) de beurre
3 c. à soupe (3 c. à table) de beurre manié
100 g (3 oz) de crème à 35 p. 100
1 bouquet garni (3 branches de persil, 1 feuille de thym, 1 feuille de laurier)
Sel et poivre au goût

Mise en place

- Préparer et cuire le court-bouillon pour la cuisson des écrevisses. Suivre la recette à la page 281.
- Pendant la cuisson du court-bouillon, préparer les filets d'achigan et châtrer les écrevisses.

- Lever les filets, séparer la peau, parer, laver. Réserver les arêtes pour le fumet et les filets dans une assiette sous un linge humide.
- Hacher les échalotes.

Cuisson des écrevisses

- Lorsque le court-bouillon est cuit, garder une ébullition forte Th maximum. Y plonger les écrevisses vivantes, réduire le feu aux premiers bouillons Th 7, cuire 5 minutes.
- Retirer les écrevisses, laisser refroidir sans eau.
- Après cuisson, détacher les queues. Réserver à part 12 carapaces entières. Le reste servira au fumet.
- Décortiquer chaque queue, réserver les chairs au chaud dans un peu de court-bouillon. Garder les carapaces pour le fumet.

Cuisson du fumet

- Hacher grossièrement arêtes de poisson et têtes d'écrevisses.
- Dans une casserole, faire fondre 2 c. à soupe (2 c. à table) de beurre.
- Suer 3 à 4 minutes Th 4 sans colorer, les échalotes hachées.
- Ajouter les arêtes et les carapaces. Faire revenir à blanc sans faire prendre couleur environ 5 minutes Th 3 à 4.
- Déglacer avec le brandy. Ajouter 180 ml (6 oz) de vin blanc, 720 ml (24 oz) d'eau et le bouquet garni. Saler, poivrer.
- Porter à ébullition Th 8. Réduire à découvert pour obtenir 420 ml (14 oz) de fumet.

Sauce

- Dans une casserole, passer au chinois fin le fumet de poisson. Presser les débris avec une louche pour en exprimer tout le jus.
- Faire prendre ébullition Th 8, les 420 ml (14 oz) de fumet.
- Lier la sauce au beurre manié en l'incorporant au fouet par petites noix.
- Une fois liée, cuire 3 minutes à petits bouillons Th 3.
- Ajouter la crème à 35 p. 100, rectifier l'assaisonnement. Garder au chaud sans bouillir.

Cuisson des filets

- Dans une poêle en téflon, faire fondre 2 c. à soupe (2 c. à table) de beurre.
- Saler, poivrer les filets.
- Lorsque le beurre chante, déposer les filets dans la poêle sans les fariner.
- Cuire doucement Th 6 sans trop colorer, 3 minutes de chaque côté.

Présentation

Dans 4 grandes assiettes chaudes, déposer un filet sans gras de cuisson. Dessus et autour, déposer 10 queues d'écrevisse. Napper avec 90 ml (3 oz) de sauce. Décorer chaque assiette avec 3 têtes d'écrevisse et servir.

Fumet d'achigan aux nouilles

Cette recette aurait pu se nommer fumet de tétras de poisson aux nouilles. En effet, lorsque vous faites des filets, les restes de poisson peuvent servir à préparer un excellent potage tiré de la cuisine chinoise. Je n'aime pas employer le brochet, trouvant son odeur trop forte. Si le potage porte le nom de l'achigan, c'est tout simplement parce que je n'avais que ce poisson sous la main le jour où j'ai fait la recette pour la première fois.

Pour 4 personnes
Préparation: 15 min
Cuisson: 1 h

Ingrédients
1 kg (2 lb 3 oz) de têtes et d'arêtes de poisson
2 oignons moyens
2 blancs de poireau (120 g (4 oz)
2 feuilles de vert de poireau
1 échalote verte
1 bouquet garni (4 branches de persil, 1 branche
 de thym, 1 feuille de laurier)
2 litres (8 tasses) d'eau froide
180 ml (3/4 tasse) de fettucine coupés en bouts de
 4 à 5 cm (1 1/2 à 2 po)
Sel et poivre au goût

Mise en place

- Laver à l'eau froide les têtes et les arêtes d'achigan. Il ne doit rester ni sang ni entrailles.
- Éplucher les poireaux, laver, ne garder que le blanc,

l'émincer grossièrement. Réserver deux feuilles vertes.
- Peler les oignons, couper en deux et émincer.

Cuisson

- Dans un pot-au-feu, déposer les arêtes et les têtes de poisson lavées.
- Verser dessus deux litres (8 tasses) d'eau froide.
- Ajouter l'oignon et le poireau émincés, le bouquet garni. Saler, poivrer.
- Amener à ébullition vive Th maximum. Couvrir, réduire le feu Th 7-8, laisser cuire 50 minutes.
- Après cuisson, passer le bouillon au chinois fin ou à l'étamine. Il devrait rester un peu plus de 1 litre (4 tasses). Si tel n'est pas le cas, poursuivre la cuisson sans les débris pour obtenir la quantité désirée.
- Après avoir obtenu un bon litre (4 tasses) de fumet, le porter à ébullition.
- Verser les pâtes dans le liquide et cuire 8 minutes Th 8.
- Pendant la cuisson des nouilles, ciseler séparément les 2 feuilles de poireau et l'échalote verte. Le poireau doit être ciselé extrêmement fin.
- Ajouter le vert des légumes ciselés, laisser cuire 2 minutes et servir.

Gratin d'achigan du Petit Kiamika

Pour 4 personnes
Préparation: 45 min
Cuisson: 8 à 9 min

Lorsque revient l'automne, les achigans du lac Croza se rassemblent à l'embouchure de la rivière Kiamika. En octobre, hormis quelques chasseurs de canards, il ne restait personne sur le lac. Nous faisions des pêches magnifiques, dix à douze bêtes par sortie.

Cette recette est un peu lourde, j'en conviens; mais c'est l'automne et ses glaces matinales, et donc le retour frigorifié au chalet avec un estomac qui réclame du copieux.

Ingrédients

8 filets d'achigan de 125 g (4 oz)
2 échalotes grises, hachées
4 pommes de terre
1 oignon
120 ml (4 oz) de vin blanc sec
300 ml (10 oz) de fumet de poisson
180 ml (6 oz) de lait
500 ml (2 tasses) de gruyère râpé
3 c. à soupe (3 c. à table) de beurre
4 c. à soupe (4 c. à table) de farine tout usage
2 branches de persil
1 feuille de laurier
Sel et poivre au goût

Mise en place

- Lever les filets d'achigan, séparer la peau. Les parer et les laver.
- Beurrer le fond d'un plat de cuisson, y étendre les échalotes hachées.
- Aligner les filets d'achigan sans les chevaucher.
- Mouiller avec le vin blanc et le fumet de poisson.
- Ajouter le persil, le laurier, saler et poivrer. Porter à ébullition Th 9, puis réduire le feu. Faire pocher lentement à couvert pendant environ 4 minutes.
- Couper le feu, laisser reposer 5 minutes toujours à couvert.
- Après cuisson, retirer délicatement les filets pochés. Les réserver entre deux linges humides (non trempés).
- Pendant la cuisson des poissons, éplucher les pommes de terre et l'oignon.
- Émincer les pommes de terre et l'oignon préalablement coupés en deux dans le sens de la longueur pour obtenir de fines tranches.
- Dans une casserole, faire pocher à l'eau salée les rondelles de pommes de terre et d'oignon. Garder fermes.
- Après cuisson, mettre à égoutter dans une passoire.

Sauce

- Dans une casserole, à feu doux, faire fondre 2 1/2 c. à soupe (2 1/2 c. à table) de beurre.
- Incorporer la farine au beurre fondu.
- Cuire le roux blanc 5 minutes à petit feu Th 2-3 sans faire prendre couleur.
- Ajouter d'un trait et hors du feu, 180 ml (6 oz) de lait et 420 ml (14 oz) de jus de cuisson.
- Remettre sur le feu, faire prendre ébullition tout en re-

muant. Cuire à petit bouillon Th 2-3 pendant environ 3 minutes.

- Incorporer en toute fin 250 ml (1/2 tasse) de gruyère râpé. Remuer vivement au fouet pour rendre le mélange homogène.

Gratin

- Étendre sur le fond d'un plat à gratin, les légumes bien égouttés. Saupoudrer avec 250 ml (1/2 tasse) de gruyère râpé.
- Aligner sur les pommes de terre, les filets d'achigan.
- Napper le tout avec la sauce passée au chinois fin ou à l'étamine.
- Parsemer le reste de gruyère râpé sur la sauce et mettre à gratiner. Servir dans le plat.
- Les éléments de la recette étant cuits, le séjour dans le four doit être de courte durée. Une surcuisson transformerait ce plat en un pain informe.

Barbote en demi-soupe au pain

La barbote n'est pas considérée comme un poisson noble. Pourtant, avec les crapets, c'est sur elle que les pêcheurs comptent pour réaliser leur première pêche. Son aspect rébarbatif rebute bien des fins gourmets.

Par ailleurs, préparer des barbotes pour la cuisson n'est pas un sport de tout repos. Il faut surtout prendre garde aux nageoires pectorales et dorsales qui dissimulent des épines empoisonnées, comme disait un de mes bons amis de Kiamika.

Pour 4 personnes
Préparation: 30 min
Cuisson: 1 h

Ingrédients

12 petites barbotes (environ 120 g (4 oz) chacune, vidée, parée)
8 tranches de pain français ou de campagne
1 oignon émincé
360 g (12 oz) de pommes de terre en brunoise
2 blancs de poireau émincés
1 carotte en brunoise
2 gousses d'ail
180 ml (6 oz) de vin blanc sec
2 litres (8 tasses) d'eau chaude
1 bouquet garni (4 branches de persil, 1 branche de thym)
2 c. à soupe (2 c. à table) de farine
3 c. à soupe (3 c. à table) de beurre
Sel et poivre au goût

Mise en place

Au retour de la pêche, préparer les barbotes comme suit:

- À l'aide d'un couteau à filets, faire une incision circulaire derrière la tête et les nageoires pectorales. Ne pas trop entamer la chair.
- En vous servant d'une pince, tirez sur la peau de la tête vers la queue pour déshabiller la barbote.
- Retirer les entrailles. En vous servant d'une paire de ciseaux, couper la nageoire dorsale. Laver, sécher et réserver au froid.
- Peler, laver pomme de terre et carotte en petite brunoise. Réserver dans une assiette creuse.
- Éplucher et laver 2 poireaux, ne garder que le blanc. Ciseler et réserver.
- Faire le bouquet garni.
- Éplucher les gousses d'ail.

Cuisson de la demi-soupe

- Dans un fait-tout ou un pot-au-feu, faire fondre le beurre Th 8. Réduire le feu Th 3-4.
- Faire suer l'oignon émincé 3 à 4 minutes sans faire prendre couleur.
- Ajouter ensemble carotte, pomme de terre en brunoise et les blancs de poireau ciselés très fin.
- Laisser suer 5 autres minutes sans augmenter la chaleur. Remuer les légumes de temps en temps à l'aide d'une cuillère de bois.
- Ajouter la farine en remuant, laisser cuire 3 minutes.
- Mouiller avec le vin blanc sec et l'eau chaude.
- Faire prendre ébullition Th maximum, attendre les premiers bouillons, réduire le feu Th 8 et cuire 20 minutes.
- Au bout de 20 minutes, ajouter toutes les barbotes. Laisser prendre ébullition.

- À l'aide d'une louche, retirer les impuretés qui se forment en surface. Réduire le feu Th 4 à 5.
- Ajouter le bouquet garni. Saler, poivrer. Couvrir, laisser mijoter 40 minutes à faibles bouillonnements.
- Pendant la cuisson des barbotes, griller les tranches de pain. Au sortir du four, les frotter à l'ail.

Présentation

Déposer 3 barbotes dans chaque grande assiette creuse. Répartir la soupe sur les poissons. Ajouter 2 tranches de pain par assiette et servir.

Le brochet

Le moteur ronronne doucement poussant la chaloupe au milieu des herbes. Un soleil de plomb écrase le lac. Sans avertissement, une violente secousse sur la canne me tire de la douce torpeur qui m'avait envahi. Instinctivement, d'un coup de poignet, je ferre. Par la résistance, je sens la bête au bout de la ligne: elle est lourde, puissante, prête au combat. Il s'engage rapidement. Une fois de plus, les mêmes émotions me prennent aux entrailles. Dans une course folle pour sa survie, le géant fonce vers le large, il prend du fil, le frein hurle. À quarante mètres de la barque, tel un missile, il fend la surface de l'eau projetant son corps sans fin vers le ciel. Mon brochet se donne des allures de Marlin. Trois ou quatre fois, il recommence. Entre nous c'est le souque à la corde. Tour à tour, nous prenons du fil. De guerre lasse, petit à petit il rend les armes. Son dos noir frôle la surface, passe sous le bateau, il n'en finit pas de passer. Dans un dernier effort, la bête essaie une nouvelle fuite, je la contre facilement. Puis fatigué, docile, il remonte en surface. Il doit bien peser une dizaine de kilos. Le leurre accroché juste au coin de la gueule immense ne l'a pas abîmé. Grand poisson, tu seras gracié, tu n'es pas blessé et puis tu es trop gros, tu as trop de viande, nous ne sommes pas assez nombreux à table. Te garder pour une photo? La belle affaire! Libéré de l'acier, le grand brochet reste un instant immobile en surface, groggy comme un boxeur qui se relève après un tapis. Alors, s'apercevant qu'il est libre, d'un grand coup de queue il fonce vers les profondeurs où il va reprendre sa chasse perpétuelle de grand prédateur.

Recherché davantage pour sa combativité que pour sa valeur gastronomique, le brochet n'en reste pas moins un poisson à la chair fine. Bien sûr, il est plein d'arêtes, mais les roses n'ont-elles pas des épines? Pour en consommer la chair en toute quiétude, il suffit de lever les filets et, avec patience à l'aide d'une pince à épiler, en retirer les arêtes une à une. J'utilise cette méthode autant pour le brochet que pour le saumon et le doré.

Brochet au beurre d'écrevisse

Le beurre d'écrevisse se fait normalement avec les carapaces. Au Québec, où les écrevisses ne sont pas pêchées et sont légion, je n'hésite pas à faire mon beurre avec la chair. Ce n'est pas une hérésie. Cette recette d'été se fait dans la cour du chalet, sur le charbon de bois.

Pour 4 personnes
Préparation: 45 min
Cuisson: 25 min

Ingrédients

4 filets de brochet de 240 g (8 oz)
24 écrevisses
100 g (1/2 tasse) de beurre en pommade
1 c. à café (1 c. à thé) de persil haché
1 c. à café (1 c. à thé) d'échalote séchée, hachée
3 c. à soupe (3 c. à table) d'huile
Sel et poivre au goût

Mise en place

- Préparer et cuire un court-bouillon en suivant la recette décrite à la page 281.
- Cuire les écrevisses en suivant la méthode de cuisson apparaissant dans la recette des filets d'achigan aux écrevisses (page 23). Temps de cuisson: 2 à 3 minutes.
- Lever les filets, parer, retirer la peau de 2 petits brochets. Assécher.
- Hacher très fin et séparément l'échalote séchée et le persil.

Beurre d'écrevisse

- Retirer du court-bouillon les écrevisses refroidies.
- Séparer les queues. Les décortiquer. Pour cette recette, il est inutile de garder les carapaces.
- Passer les chairs au hache-viande en utilisant la grille fine.
- Dans un bol, mélanger le beurre en pommade avec l'échalote et le persil hachés.
- Ajouter le hachis d'écrevisse. Saler, poivrer, garder à la température de la cuisine.

Cuisson

- Après avoir allumé votre charbon de bois, laisser diminuer l'intensité du feu et préparer un bon lit de braise. La chair délicate du poisson ne doit pas être carbonisée.
- Badigeonner les filets à l'huile, saler, poivrer.
- Étendre sur le gril, cuire 2 à 3 minutes de chaque côté à feu modéré.

Présentation

Sur les filets grillés dressés sur assiette, répartir à la petite cuiller le beurre d'écrevisse. Servir rapidement, le beurre fondant très vite.

Brochet au beurre blanc

Un grand classique de la cuisine traditionnelle, très facile à réaliser au chalet. L'important pour cette recette est de posséder un récipient assez grand pour pocher le brochet. Vous pouvez aussi le cuire en morceaux. La présentation aux convives sera cependant moins spectaculaire.

Pour 4 à 5 personnes
Préparation: 35 min
Cuisson: 20 min

Ingrédients

1 brochet de 1,8 kg (4 lb)
4 à 5 litres (4 à 5 pintes) de court-bouillon
1 c. à soupe (1 c. à table) de beurre ordinaire
250 g (8 oz) de beurre non salé en pommade
2 c. à soupe (2 c. à table) d'échalotes séchées
   hachées (environ 3 petites échalotes)
120 ml (4 oz) de vin blanc
Sel et poivre au goût
Persil (décoration)
Citron (décoration)

Mise en place

- Préparer et cuire un court-bouillon en suivant la recette décrite à la page 281.
- Écailler, vider, retirer les branchies et couper les nageoires d'un brochet de 1,8 kg (4 lb). Garder la tête et la queue attachées au corps: c'est l'élément spectaculaire de la recette.
- Laver la bête en prenant soin de retirer tout le limon. Le sang le long de la colonne vertébrale doit être gratté.
- Déposer le brochet dans une poissonnière. Couvrir

avec le court-bouillon tiède.

- Faire prendre ébullition sans brusquerie Th 8.
- Réduire le feu pour obtenir un frémissement du court-bouillon. Retirer l'écume à l'aide d'une louche.
- Couvrir et laisser pocher 20 minutes Th 3-4.
- Pendant la cuisson du brochet, faire la sauce au beurre blanc.

Sauce

- Dans une casserole, faire fondre 1 c. à soupe (1 c. à table) de beurre Th 8.
- Y faire revenir à blanc sans colorer Th 3 à 4, 2 c. à soupe (2 c. à table) d'échalotes séchées hachées environ 4 minutes.
- Ajouter le vin blanc, augmenter la chaleur Th 7. Réduire des 2/3.
- Baisser le feu au minimum.
- Incorporer le beurre en pommade à la réduction. Pour réussir cette sauce, il est important d'ajouter le beurre petit à petit et de fouetter régulièrement pour obtenir une sauce mousseuse.
- Saler, poivrer au goût.
- Ne pas faire bouillir: vous obtiendriez un beurre fondu aux échalotes.

Présentation

- Sortir le brochet du court-bouillon sans le briser.
- Avec un petit couteau, sans abîmer la tête ni la queue, retirer la peau.
- Sur un grand plat de service, étendre une serviette blanche, y déposer le poisson fumant. Décorer de persil et de citron.
- Verser le beurre blanc chaud en saucière à part. Servir immédiatement.

Chaudrée de poissons de la Lièvre

La rivière du Lièvre passe à Saint-Gérard de Kiami-ka. Avant d'entreprendre mes pérégrinations à travers le Québec pour écrire ce livre, je l'ai écumée des neiges aux neiges pendant huit ans. Je n'y avais pas que des retours glorieux. Bien souvent, des heures passées sur l'eau ne donnaient qu'un piètre résultat. À peine de quoi faire une soupe disait souvent mon copain de misère. Voici donc la recette des jours sans gloire.

Pour 6 personnes
Préparation: 35 min
Cuisson: 45 min

Ingrédients

180 g (6 oz) de chair de brochet
180 g (6 oz) de chair de doré
180 g (6 oz) de chair de barbote
180 g (6 oz) de chair de perchaude
240 g (8 oz) de pommes de terre
180 g (6 oz) de carottes
180 g (6 oz) de blanc de poireau
180 g (6 oz) de céleri-branche
4 tomates fraîches
2 gousses d'ail
1 oignon
4 c. à soupe (4 c. à table) d'huile (d'olive si possible)
2 1/2 litres (10 tasses) d'eau
Sel et poivre au goût

Mise en place

- Lever les filets de poisson, retirer la peau, couper les chairs en brunoise. Réserver dans une assiette.
- Peler et laver carottes et pommes de terre. Détailler en brunoise. Réserver à part.
- Laver poireau et céleri, les ciseler finement. Réserver à part dans une assiette.
- Peler l'oignon, le couper en deux, l'émincer finement. Réserver à part.
- Peler et épépiner les tomates, détailler la pulpe en brunoise. Réserver à part.
- Écraser et hacher presque en purée les deux gousses d'ail. Réserver à part.

Préparation

- Dans un fait-tout ou un pot-au-feu moyen, chauffer l'huile Th 8.
- Mettre l'oignon à suer doucement en prenant soin de laisser le feu Th 4 environ 3 minutes sans faire prendre couleur.
- Ajouter le blanc de poireau et le céleri ciselé. Laisser suer 3 autres minutes, toujours sans colorer.
- Adjoindre les chairs de poisson dans la marmite. Faire raidir environ 5 minutes. Remuer régulièrement. Le poisson non saisi colle au fond.
- Ajouter carottes, pommes de terre et tomates. Prolonger l'opération de suage de 2 à 3 minutes.
- Incorporer l'ail. Lorsque son parfum chaud se dégage de la marmite, verser l'eau.
- Saler, poivrer.
- Porter à ébullition Th maximum. Baisser la chaleur à Th 6-7 et cuire à petits bouillons environ 45 minutes à couvert.

- Au début, il vous faudra écumer les mousses qui se formeront en surface.

(Pour une touche exotique, disons méditerranéenne, ajouter à la cuisson une prise de safran et quelques brins de fenouil.)

Présentation

Cette soupe épaisse ne demande aucune autre forme d'accompagnement tels que croûtons ou crackers.

Verser le contenu du pot-au-feu dans une soupière que vous poserez devant les convives.

Soupe de petite pêche

Pour cette recette s'inspirant de la cuisine méridionale, je garde les plus petits poissons. Ceux que bien des pêcheurs dédaignent parce que minables, trop ridicules pour être levés en filets. Je prépare cette recette du milieu du printemps, aux premières gelées, lorsque les herbes aromatiques poussent au jardin.

Pour 5 personnes
Préparation: 30 min
Cuisson: 1 h

Ingrédients

1 brochet de 700 g (1 1/2 lb) maximum
1 doré de 700 g (1 1/2 lb) maximum
5 petites perchaudes
5 petites barbotes
3 tomates
250 ml (1 tasse) de carottes en brunoise
125 ml (1/2 tasse) de céleri-branche en brunoise
180 ml (3/4 tasse) d'oignon émincé
180 ml (3/4 tasse) de blanc de poireau ciselé
1 bouquet garni (4 branches de persil, 1 branche de thym, 1 feuille de laurier)
1 c. à soupe (1 c. à table) de pluches de fenouil haché (aneth)
1 c. à café (1 c. à thé) d'estragon haché
1 gousse d'ail
2 1/2 litres (10 tasses) d'eau
Sel et poivre au goût

Mise en place du bouillon

- Peler et épépiner les 3 tomates bien mûres. Détailler en brunoise.
- Éplucher carottes et céleri. Détailler en brunoise.
- Peler l'oignon, l'émincer finement.
- Éplucher le poireau, ne garder que le blanc, l'émincer.
- Hacher séparément fenouil, estragon et ail pour obtenir la quantité prescrite ci-haut.

Mise en place des poissons

- Dans l'ordre, écailler, ébarber, vider, couper la tête et la queue des brochet, doré et perchaudes.
- Dans l'ordre, dépouiller, vider, couper la tête et la queue des barbotes.
- Dans un coton à fromage, enfermer les têtes de brochet, doré et perchaudes.

Cuisson

- Dans un pot-au-feu, déposer les têtes enfermées dans le coton à fromage.
- Verser dessus les 2 1/2 litres (10 tasses) d'eau froide.
- Ajouter légumes taillés, herbes hachées et bouquet garni.
- Amener à ébullition vive Th maximum. Couvrir, réduire le feu Th 7-8, laisser cuire 30 minutes.
- Pendant la cuisson du bouillon, préparer les poissons comme suit:
- Tronçonner en rouelles de 4 cm (1 1/2 po) de large, doré et brochet. Couper simplement en deux, perchaudes et barbotes. Laisser entiers si les poissons sont vraiment petits.
- Après cuisson du bouillon, retirer les têtes. Les jeter.
- Amener le liquide au point de frémissement Th 4.
- Plonger d'un coup tous les morceaux de poisson. Cou-

vrir et laisser infuser 30 minutes dans la soupe à peine frémissante.

Présentation

J'aime servir cette soupe dans de grandes assiettes creuses avec à part quelques tranches de pain grillées à l'ail. Dans chaque assiette, répartir également les morceaux de poisson, les arroser de 250 ml (1 tasse) de soupe. Servir fumant.

Terrine de brochet au beurre de basilic

Recette de M. Jean-Yves Prod'Homme

Pour 8 personnes
Préparation: 40 min
Cuisson: 1 h

Ingrédients

Mousse:
1 brochet de 1 kg (2 lb 3 oz)
125 g (1/2 tasse) de beurre en pommade
3 oeufs
300 g (10 oz) de crème à 35 p. 100
Sel et poivre au goût

Sauce:
1 dl (environ 1/2 tasse) de vin blanc
50 g (2 oz) d'échalotes séchées
1 dl (environ 1/2 tasse) de crème à 35 p. 100
200 g (3/4 tasse) de beurre doux en pommade
1 c. à soupe (1 c. à table) de basilic frais ciselé
Sel et poivre au goût

Mise en place

- Écailler un brochet de 1 à 1,2 kg (2 lb 3 oz à 2 lb 10 oz).
- Lever les filets sans entailler la peau.
- À l'aide d'un couteau à filets, séparer la peau des chairs.
- Réserver la peau à plat dans une assiette pour chemiser le moule.

- Des chairs obtenues, garder 200 g (7 oz) pour faire des lanières de 1 cm (1/2 po) de côté pour garnir la terrine.
- Passer au mélangeur électrique le reste de chairs.
- Ajouter une pincée de sel pour les raffermir.
- Adjoindre le beurre en pommade et tourner pendant 30 secondes.
- Un à un, additionner les oeufs, l'appareil tournant à faible vitesse.
- Dernière opération: ajouter la crème, laisser prendre corps à petite vitesse pendant quelques secondes. Saler, poivrer.

Cuisson

- Chemiser un moule de juste grandeur, préalablement beurré, avec la peau du brochet.
- Étendre au fond du moule, sur une hauteur de 2 cm (1 po), la mousse de poisson. Déposer dessus 2 ou 3 lanières de chair.
- Répéter l'opération jusqu'à épuisement de la mousse et des lanières.
- Il est recommandé de placer les lanières de garniture en quinconce pour obtenir un motif régulier à la coupe.
- Mettre au four chauffé à 170 °C (300 °F) dans un bain-marie. Cuire environ 1 heure.

Sauce

Pendant la cuisson de la terrine, préparer la sauce.
- Hacher très finement les échalotes séchées.
- Ciseler les feuilles de basilic.
- Dans une casserole, verser le vin blanc.
- Ajouter les échalotes hachées, faire prendre ébullition Th 8. Réduire aux 3/5.
- Verser la crème dans la réduction, diminuer le feu

Th 6, faire réduire de moitié. Ne plus faire bouillir.
- Monter la sauce en incorporant à la réduction les 200 g (7 oz) de beurre doux en pommade.
- Ajouter le basilic ciselé. Saler, poivrer.

Présentation

Sortir la terrine du four. Sur le fond de grandes assiettes, verser 60 à 90 ml (2 à 3 oz) de sauce. Déposer une belle tranche de mousse au centre et servir.

LÉGENDES DES PHOTOS

Blanquette de faisan aux artichauts (page 203).
Turbans de plie aux pinces de crabe (page 120).
Contre-filet de chevreuil à la sauce poivrade (page 251).
Truites du lac Lady (page 90).

La carpe

Les carpes miroir ou carpes cuir, souvent confondues avec la carpe de France qui ne perd pas ses écailles, sont des laissées-pour-compte. Il ne faut pas confondre ces deux carpes avec une autre, également laissée-pour-compte, la carpe cochon, nom vulgaire donné au catostome noir qui ne ressemble d'ailleurs en rien à une carpe.

Au Québec, elles sont mises en vente sur le marché pour les populations néo-québécoises ou de religion juive. Si, en Europe, le pêcheur qui capture un gros spécimen est traité en roi (voir texte sur la carpe dans la recette du doré farci comme Mémère page 61), chez nous, la carpe pourrit sur la berge.

Je ne pêche plus la carpe depuis longtemps, puisque la famille n'en voulait pas. Pourtant, pêcher ces gros spécimens combatifs dans les terres inondées, du côté du barrage de Carillon ne manquait pas d'attrait.

La carpe miroir peut atteindre des poids considérables. Son milieu de vie n'en fait pas un poisson au goût très fin. Elle affectionne particulièrement les fonds bourbeux qui donnent à la chair un goût de vase et de jonc.

À l'hôtel où j'ai fait mon apprentissage, nous ne cuisions que de petites carpes en provenance du Cher, rivière assez rapide. Les carpes d'étang aux eaux dormantes étaient retournées sans pitié au marchand de poisson.

Si vous avez envie de manger les carpes de votre pêche, ne gardez que les plus petites. Rendez les géniteurs à la rivière, ils ont la vie très dure et, s'ils n'ont pas engamé complètement l'hameçon, ils se tireront fort bien d'affaire.

La meilleure façon de cuire la carpe miroir ou carpe européenne est de la farcir (voir recette du doré farci comme Mémère à la page 61), la mettre au four en comptant 15 minutes par 500 g (1 lb), arroser de temps en temps avec un verre de vin blanc et quelques cuillerées de crème fraîche.

Le corégone

Même si le corégone est abondant au Québec, sa distribution étant importante, on ne fait pas d'expédition de pêche à ce hareng d'eau douce comme on part en voyage de pêche à la truite mouchetée, au saumon ou au doré. S'il est présent dans le lac ou la rivière, c'est un boni que bien des sportifs ne se donnent pas la peine de prendre. Je les comprends et je suis de ceux-là. Lorsque le doré ou la truite remplissent la glacière, pourquoi capturer un poisson classé de second ordre juste pour le plaisir. Le corégone est un moyen de subsistance des populations amérindiennes, souvent capturé au filet. S'il n'est pas consommé sur place, il est expédié par des pêcheurs professionnels vers les marchés des grandes villes en grande quantité.

Pourtant, ce poisson à petite bouche m'a donné de grandes joies. Il faut le pêcher très fin avec des hameçons de petit calibre. Tard en automne, alors que le doré se faisait rare dans l'embouchure de la rivière Kiamika, là où elle se jette dans la Lièvre, il y avait des remous. Quelquefois, nous nous ancrions dans le courant et le froid, et nous attendions patiemment que quelques corégones prennent l'appât. C'est un poisson combatif aux mouvements de fuite imprévisibles. Il devenait le palliatif au manque de doré.

Sa cuisson est simple, et sa chair délicieuse mérite qu'on lui accorde plus d'attention. Généralement, je mange les corégones à la meunière simplement, sans autre forme de préparation: enduits de farine, salés, poivrés et cuits au beurre blond avec un jus de citron.

Le doré jaune

Le doré jaune ne jouit pas d'une aussi grande popularité que l'omble de fontaine; c'est seulement en raison de sa distribution géographique. Il est totalement absent de certaines régions du Québec, sinon il détrônerait la truite mouchetée.

Je vais sans doute me faire des ennemis, mais j'ose affirmer que sa valeur gastronomique est la première de toutes les espèces sportives.

La finesse de sa chair blanche est sans égale. Il se prête à toutes sortes de préparations culinaires avec le même bonheur. Capturer du doré peut certains jours être facile, mais le pêcher avec régularité, c'est une autre histoire. Ce n'est pas donné à tout le monde, mais je connais pourtant certains guides de la pourvoirie des 100 lacs qui réussissent cet exploit. Ils prennent le doré dans le lac Adonis avec une régularité de métronome.

Ce grand poisson de la famille des perches est lucifuge, il chasse le soir et la nuit. J'ai cependant réalisé de superbes pêches en plein jour sous un soleil de plomb. Par contre, je dois admettre que ce n'étaient pas des monstres, les plus gros devaient peser 1,4 kg (3 lb). Certains «experts» disent que le doré est paresseux, qu'il ne lutte pas. Il ne possède pas la fougue du saumon ni la hargne du brochet. En observant le matériel des experts, j'ai remarqué que l'équipement était disproportionné pour le combat: cannes rigides, monofilament capable de remorquer une pitoune, moulinets aux allures de treuil. Les pêcheurs ont tendance à être suréquipés, toujours dans l'espoir du gros. Comment voulez-vous que des dorés de 900 g à 2 kg (2 à 4 lb), souvent la moyenne des captures, puissent livrer combat lorsqu'ils sont attaqués à l'arme lourde? Ils se rendent sans résistance et c'est dommage.

Crêpes farcies au doré

Je ne connais pas plus belle odeur que celle des crêpes farcies au doré sortant du four lorsque dehors le vent se chamaille avec la neige. Cette recette peut se servir en entrée. Il suffit de la diviser en deux et de ne présenter qu'une seule crêpe par convive.

Pour 4 personnes
Préparation: 1 h 35 min
Cuisson du poisson: 8 min
Gratin: 5 min

Ingrédients

4 filets de doré de 180 g (6 oz) chacun
8 crêpes de 15 à 18 cm (6 à 7 po) de diamètre
240 ml (8 oz) de béchamel
480 ml (16 oz) de fumet de poisson
180 ml (6 oz) de vin blanc
180 g (6 oz) de gruyère râpé
3 c. à soupe (3 c. à table) de beurre
4 c. à soupe (4 c. à table) de farine
480 ml (16 oz) de fond de cuisson des filets
Sel et poivre au goût

Béchamel:
1 1/2 c. à soupe (1 1/2 c. à table) de beurre
2 c. à soupe (2 c. à table) de farine
240 ml (8 oz) de lait

Mise en place

- Préparer la pâte à crêpes salée en suivant la recette à la page 303.
- Lever les filets de doré, retirer la peau. Réserver les têtes et les arêtes pour le fumet. Réserver les filets au frais.

- Préparer un fumet d'environ 480 ml (16 oz) en suivant la recette décrite à la page 285.
- Faire 240 ml (8 oz) de béchamel classique (beurre, farine, lait). Laisser tiédir.
- Râper le fromage.

Cuisson des filets

- Après cuisson du fumet, le passer au chinois fin. À l'aide d'une louche, presser fortement les débris pour en exprimer tout le liquide. Laisser tiédir.
- Beurrer un plat à cuisson de juste grandeur. Y étendre sans les chevaucher les filets de doré.
- Mouiller avec le vin et le fumet tiède. Saler, poivrer.
- Porter à ébullition Th 9, puis réduire le feu Th 8. Pocher lentement à couvert 4 à 5 minutes.
- Couper le feu, laisser reposer 5 minutes toujours à couvert.
- Après cuisson, retirer les filets pochés du fumet. Réserver sur papier absorbant.
- Cuire les crêpes.

Sauce

- Dans une casserole à feu doux, faire fondre 3 c. à soupe (3 c. à table) de beurre.
- Ajouter 4 c. à soupe (4 c. à table) de farine. Cuire 3 à 4 minutes Th 2 sans faire prendre couleur.
- Verser le fond de cuisson des filets sur le roux, fouetter énergiquement pour éliminer les grumeaux. Cuire 5 minutes à tout petit bouillon. Réserver au chaud.

Préparation des crêpes

- Dans un bol à mélanger, effeuiller les filets de doré. Y adjoindre la sauce béchamel. Mélanger délicatement sans réduire en bouillie.
- Étendre les crêpes sur la table de travail, déposer sur

chacune 1/8 de la farce. Les rouler.
- Dans un plat à gratin préalablement beurré, déposer les 8 crêpes farcies.
- Verser toute la sauce sur les crêpes. Saupoudrer avec le fromage râpé.
- Gratiner à four très chaud et servir.

Doré du lac Adonis au poivre vert et à la laitue de printemps

Le lac Adonis est un bijou niché dans un écrin de verdure. Les baies majestueuses s'ouvrent sur la liberté au détour des montagnes. C'est dans ce grand lac que la rivière du Lièvre prend sa source, cette rivière si chère à mes loisirs. Un soir, assis sur le perron du pavillon central de la pourvoirie des 100 lacs, repu de soleil et de vent, je laissais courir mes pensées. La pêche du doré avait été superbe, la limite facilement acquise. Comment allier le vert des montagnes à la cuisine du doré? Le poivre vert fut la réponse.

Pour 4 personnes
Préparation: 30 min
Réduction du fumet: 20 min
Cuisson des filets: 5 min

Ingrédients

2 dorés de 900 g à 1,4 kg (2 à 3 lb)
32 petites carottes nouvelles 5 à 6 cm
   (2 à 2 1/2 po)
4 toutes petites laitues Boston
300 ml (10 oz) de fumet de poisson
1 oignon moyen
2 c. à café (2 c. à thé) de poivre vert
90 ml (3 oz) de vin blanc sec
8 c. à soupe (8 c. à table) de beurre
1 c. à soupe (1 c. à table) de beurre manié
250 g (8 oz) de crème à 35 p. 100
Sel et poivre au goût

Mise en place

- Préparer les filets. Lever les filets des 2 dorés, retirer la peau, parer, laver, assécher. Réserver les arêtes pour le fumet.
- Couper les feuilles des carottes nouvelles en laissant environ 2 cm (1 po) de verdure. Les laver sans les éplucher.
- Retirer les plus grandes feuilles des 4 laitues, ne pas séparer le coeur. Laver, mettre à égoutter.
- Saler, poivrer les filets asséchés, les déposer dans le beurre chaud. Cuire à blanc sans colorer 2 minutes de chaque côté.
- Simultanément, dans une autre poêle, faire fondre 2 c. à soupe (2 c. à table) de beurre Th 8-9.
- Coucher les laitues dans le beurre chaud. Saler, retourner au bout de 15 secondes, répéter l'opération pour l'autre côté. Réserver au chaud dans la poêle.
- Après cuisson des dorés, les déposer sur un linge ou un papier absorbant pour en retirer tout le gras. Réserver au chaud.

Sauce

- Égoutter le poivre vert.
- Pour faire la sauce, prendre la poêle de cuisson des filets.
- Jeter le gras de cuisson, mettre sur le feu Th 6. Verser le poivre égoutté. Ajouter le vin blanc, réduire de moitié, y adjoindre la crème à 35 p. 100.
- Faire prendre ébullition sans augmenter la chaleur et réduire de moitié.
- Verser la réduction dans le fumet chaud déjà lié, ajouter 1 c. à soupe (1 c. à table) de beurre pour affiner et lustrer la sauce.

Présentation

Égoutter les carottes, éponger les laitues avec un papier essuie-tout.

Dans 4 grandes assiettes chaudes, déposer au centre une laitue. Sur chaque salade, verser quelques cuillerées de sauce. Mettre dans chaque assiette 1 filet de doré et 8 petites carottes disposées en forme de fleur, le bout vert tourné vers le bord de l'assiette. Napper chaque filet de 60 ml (2 oz) de sauce. Verser le reste en saucière. Servir immédiatement.

Doré farci comme Mémère

J'ai un souvenir mémorable de mes dernières vendanges. Jules avait capturé une carpe d'environ 9 kilos (une vingtaine de livres). Il y avait photo dans le journal et fête au bistrot. Cette carpe arrivait à point nommé pour le repas. Raisin en cuve dans la cave humide fleurant bon le salpêtre et le bois mouillé. Jules jubilait. À coups de vin nouveau et de paroles, il tenait son auditoire en haleine. La casquette de travers, le verbe facile, il était intarissable. À la cuisine, les femmes s'affairaient et la carpe attendait. Le vieux renard préparait ses convives.

Le repas arriva enfin. La nuit tombée depuis longtemps avait cette douce chaleur des premiers jours d'automne. Comme c'était fête, le repas était servi dans la salle à manger. En seigneur, Jules avait pris place au bout de la table, il présidait. Après l'apéritif au «Michel» et quelques bricoles, Mémère, le tablier en bataille, déposa la carpe sur la table. J'ai cru que le vieux allait pleurer d'émotion. Elle était superbe sa carpe, pleine de farce, luisante de beurre.

Souvent il en avait pris des gros poissons, mais jamais ses copains et ses amis n'avaient partagé son triomphe, surtout un soir de vendanges, lui qui passait son temps entre la vigne et la rivière...

La carpe n'étant pas reconnue comme grand poisson de table au Québec, j'ai donc adapté la recette de Mémère Latouche au doré.

Pour 6 à 8 personnes
Préparation: 1 h 35 min
Cuisson: 1 h 15 min

Ingrédients

1 doré de 1,8 à 2,3 kg (4 à 5 lb)
600 g (20 oz) de farce fine (voir recette page 288)
4 c. à soupe (4 c. à table) de beurre
180 ml (6 oz) de vin blanc
1 oignon moyen
1 carotte
Sel et poivre au goût
180 à 240 ml (6 à 8 oz) d'eau

Mise en place

- Au retour de la pêche, écailler, ébarber et retirer les ouïes du poisson.
- À l'aide d'un couteau à filets, retirer la colonne vertébrale sans détacher du corps ni la tête ni la queue, et sans fendre le ventre. Vider, laver, rincer la cavité abdominale.
- Assécher le poisson, saler, poivrer l'intérieur.
- Préparer la farce en suivant la recette décrite à la page 288.
- Remplir la cavité abdominale avec cette farce. Refermer le poisson, lui redonner sa forme. À l'aide d'un fil et d'une aiguille, recoudre le dos du doré.
- Éplucher carotte et oignon, les émincer.

Cuisson

- Chauffer le four à 180 °C (350 °F).
- Saler, poivrer le poisson, le déposer dans un plat allant au four de juste grandeur, préalablement beurré.
- Déposer dessus en petites noix, 4 c. à soupe (4 c. à table) de beurre, la mirepoix autour du poisson. Cuire environ 1 h 15 min.

- Après cuisson, verser le vin blanc sur le poisson. Puis, de temps en temps, l'arroser avec le jus. La cuisson terminée, sortir le plat du four.
- Déposer le poisson dans un plat de service, réserver au chaud.
- Mettre le plat de cuisson sur le feu, déglacer avec l'eau, faire prendre ébullition.
- À l'aide d'une cuillère de bois, décoller les sucs au fond du plat. Cuire environ 2 minutes Th 7.
- Passer le jus au chinois fin en pressant fortement les légumes pour en exprimer la substance.

Présentation

Verser le jus chaud sur le poisson et servir. Découper en tranches sur la table devant les convives.

Filet de doré en croûte à la mousse d'écrevisses

Si l'achigan se prépare aux écrevisses, le doré n'est pas en reste. Sa chair délicate se marie fort bien à ces petits homards d'eau douce. Cette recette que l'on pourrait qualifier de royale est réservée aux grands jours.

Pour 4 personnes
Préparation: 1 h 15 min
Cuisson: 22 à 25 min

Ingrédients

4 filets de doré de 180 à 240 g (6 à 8 oz)
32 belles écrevisses de rivière
660 g (22 oz) de pâte feuilletée (achetée dans le commerce)
3 jaunes d'oeufs
600 g (20 oz) de crème à 35 p. 100
30 ml (1 oz) de brandy
90 ml (3 oz) de vin blanc
2 c. à soupe (2 c. à table) d'échalotes séchées hachées
1 c. à café (1 c. à thé) de persil
1 c. à café (1 c. à thé) d'estragon haché
Sel et poivre au goût

Mise en place

- La pâte feuilletée est longue à préparer. Je vous conseille de l'acheter dans le commerce.
- Lever les filets de doré, retirer la peau. Réserver dans une assiette.
- Parsemer les filets de doré avec les échalotes hachées, arroser avec le vin blanc.

- Laisser macérer le temps de préparer les écrevisses.
- Châtrer les écrevisses.
- Séparer la queue du corps. À cru, décortiquer la queue. Déposer les chairs dans une assiette. Réserver les carapaces pour la sauce.
- Hacher estragon et persil, réserver dans une assiette.

Farce

- Déposer les queues d'écrevisse dans le bol du mélangeur électrique. Donner un tour pour déchiqueter les chairs.
- Ajouter 125 g (4 oz) de crème à 35 p. 100, 2 jaunes d'oeufs, le brandy, le sel et le poivre.
- Donner un autre tour pour rendre la mousse homogène. Réserver dans un bol froid.

Préparation des feuilletés

- Chauffer le four à 180°C (350°F).
- Étendre au rouleau l'abaisse de pâte feuilletée pour obtenir une couche uniforme d'environ 1 mm (2/16 à 3/16 po) d'épaisseur.
- Découper 8 rectangles un peu plus longs et un peu plus larges que la grandeur d'un filet, maximum 25 X 15 cm (10 X 6 po), le poids d'un rectangle ne doit pas être supérieur à 75 g (2 1/2 oz).
- Partager la farce en 4 parts égales.
- À l'aide d'une cuillère, l'étendre au milieu de chaque rectangle de feuilletage.
- Retirer les filets de l'assiette. À l'aide d'un petit couteau, en tenant le filet par la queue, faire retomber les échalotes et le surplus de vin dans l'assiette.
- Déposer les filets égouttés sur la farce. Saler, poivrer.
- À l'aide d'une fourchette, mélanger un jaune d'oeuf avec un peu de lait.

- À l'aide d'un pinceau, badigeonner au jaune d'oeuf la pâte autour des filets.
- Recouvrir avec les 4 rectangles restants. Presser fortement les bords pour souder la pâte. Badigeonner au jaune d'oeuf.
- À l'aide d'un couteau, parer le surplus de feuilletage pour donner une belle forme aux feuilletés. Dessiner quelques écailles avec la pointe du couteau.
- Déposer sur une plaque à pâtisserie préalablement beurrée. Laisser reposer 15 à 20 minutes.
- Enfourner à four chaud, cuire 22 à 25 minutes.

Sauce

Pendant la cuisson des filets, préparer la sauce.
- À l'aide d'un gros couteau, hacher grossièrement les carapaces d'écrevisses.
- Faire colorer à sec dans une sauteuse les carapaces broyées Th 8-9. Ajouter les échalotes et le vin blanc qui ont servi à macérer les filets. Faire revenir 2 minutes.
- Mouiller avec la crème restante. Porter à ébullition. Réduire le feu Th 6. Conduire la cuisson en remuant de temps en temps pour obtenir 300 ml (10 oz) de sauce environ.
- La sauce réduite, la passer au chinois fin. À l'aide d'une louche, presser fortement les carapaces pour en exprimer toute la substance. Réserver au chaud.

Présentation

Sortir les filets du four, les déposer sur les assiettes chaudes. Verser la sauce dans une saucière et servir.

Salade de poisson sauce chantilly

En cuisine, la salade de poisson est souvent une façon économique de passer les restes. Je ne suis pas en accord avec cet énoncé. L'ouverture de la pêche du doré coïncide avec l'arrivée des asperges sur le marché. La fraîcheur des deux produits est un gage de réussite pour cette recette.

Pour 4 personnes
Préparation: 1 h
Cuisson: 15 min

Ingrédients

1 doré de 1 kg (2 lb 3 oz)
1 botte d'asperges fraîches
1 laitue Boston
300 ml (10 oz) de mayonnaise
125 g (4 oz) de crème à 35 p. 100
1 1/2 litre (6 tasses) de court-bouillon
1 c. à café (1 c. à thé) de ciboulette hachée
8 feuilles d'estragon (facultatif)
Sel et poivre au goût

Mayonnaise:
2 jaunes d'oeufs
1 c. à café (1 c. à thé) de vinaigre de vin
1/2 c. à café (1/2 c. à thé) de moutarde de Dijon
    (facultatif)
300 ml (10 oz) d'huile
Sel et poivre au goût

Mise en place

- Préparer le court-bouillon en suivant la recette décrite à la page 281.

- Nettoyer le doré, le vider, l'écailler, ébarber et couper la tête. Laver en prenant soin de retirer la peau blanche le long de la colonne vertébrale.
- Tronçonner le poisson en morceaux de 7 cm (3 po).
- Faire frémir le court-bouillon Th 3-4, y plonger les tronçons de doré, pocher à couvert 7 à 8 minutes en maintenant une ébullition légère et constante.
- Après cuisson, retirer les morceaux, laisser refroidir dans une assiette.

Cuisson des asperges

- Faire bouillir dans une casserole environ 2 litres (8 tasses) d'eau salée.
- Éplucher les asperges, les ficeler et les plonger dans l'eau bouillante. Cuire de 12 à 15 minutes sans couvercle Th 8.
- Après cuisson, laisser refroidir dans l'eau de cuisson.
- Pendant la cuisson des asperges et du poisson, préparer la salade, hacher la ciboulette et l'estragon. Monter la mayonnaise et la chantilly.

Mayonnaise

- Dans un bol à mélanger, déposer moutarde, sel, poivre, jaunes d'oeufs et vinaigre. Mélanger au fouet.
- Petit à petit, en un mince filet, ajouter l'huile en fouettant pour monter la mayonnaise. Rectifier l'assaisonnement.
- Une fois montée, garder à la température de la pièce.

Chantilly

Dans un bol à mélanger, verser la crème à 35 p. 100, faire prendre corps à l'aide d'un fouet.

Sauce

Mélanger mayonnaise et chantilly. Rectifier le goût.

Salade

Éplucher, laver et essorer une petite laitue Boston. Ne garder que les feuilles jaunes du centre. Réserver dans un linge.

Préparation

- Mettre asperges et poissons tièdes à peine refroidis à égoutter séparément.
- Assécher complètement les asperges sur un linge sec.
- Débarrasser les morceaux de doré de toute arête et de la peau.
- Dans un saladier, effeuiller les chairs de poisson.
- Ajouter les herbes hachées et 120 à 150 ml (4 à 5 oz) de sauce chantilly. Mélanger.

Présentation

Dans 4 grandes assiettes, disposer au centre les petites feuilles de laitue. Répartir également en 4 le poisson. Garnir chaque assiette avec les asperges. Servir à part dans une saucière le reste de la sauce chantilly. Elle est indispensable à la dégustation des asperges.

Soupe de doré à l'oignon

Pour 5 personnes
Préparation: 20 min
Cuisson: 35 min

Ingrédients

300 g (10 oz) de chair de doré
500 g (1 lb) d'oignons
2 c. à soupe (2 c. à table) de farine
1 1/2 litre (6 tasses) d'eau
4 c. à soupe (4 c. à table) d'huile
Sel et poivre au goût

Mise en place

- Lever les filets. Retirer la peau.
- Couper les filets, ou le filet s'il provient d'un gros poisson, par la moitié sur le sens de la longueur.
- Émincer finement les chairs et réserver pour la cuisson.
- Éplucher les oignons, couper en deux. Émincer le plus finement possible.

Préparation

- Dans une sauteuse, faire chauffer l'huile Th 8.
- Faire tomber l'oignon émincé dans l'huile chaude.
- Blondir, sans trop colorer, environ 10 minutes Th 5-6.
- Ajouter la farine. Singer 2 minutes en remuant continuellement.
- Mouiller avec l'eau.
- Saler, poivrer.
- Porter à ébullition Th maximum. Baisser le feu Th 6-7 et cuire 20 minutes à couvert.

- Ajouter les filets de doré préalablement émincés. Couvrir à nouveau et laisser cuire 5 minutes.

Présentation

Verser la soupe dans une soupière. Poser fumante sur la table devant les convives.

Goujons de perchaude frits

En janvier et en février, lorsque l'hiver nous confine dans nos maisons, de temps en temps, les inconditionnels du fil dans l'eau vont creuser des trous dans la glace. La majorité de nos captures sont des perchaudes. Voici une recette de filets frits pour remplacer l'éternel filet cuit au beurre.

Pour 4 personnes
Préparation: 1 h 30 min
Cuisson: 20 min

Ingrédients

2 douzaines de petites perchaudes
375 ml (1 1/2 tasse) d'huile pour frire
375 ml (1 1/2 tasse) de pâte à frire à la bière
240 ml (8 oz) de mayonnaise
3 c. à soupe (3 c. à table) de ketchup
2 c. à soupe (2 c. à table) d'oignon haché
2 c. à soupe (2 c. à table) de persil haché
2 c. à soupe (2 c. à table) de cornichons salés hachés
2 citrons
5 à 6 branches de persil

Pâte à frire:
240 g (8 oz) de farine tout usage
1 oeuf entier
150 ml (5 oz) de bière
1 pincée de sel

Mayonnaise:
240 ml (8 oz) d'huile

72

1 jaune d'oeuf
1 c. à café (1 c. à thé) de vinaigre
1 c. à café (1 c. à thé) de moutarde de Dijon
Sel et poivre au goût

Mise en place

Pâte à frire:
- Verser dans un bol à mélanger la farine et le sel.
- Au centre, faire une fontaine, y déposer l'oeuf.
- À l'aide d'un fouet ou d'une cuillère de bois, mélanger oeuf et farine.
- Ajouter petit à petit la bière en remuant vigoureusement pour empêcher la formation de grumeaux.
- Laisser reposer de 45 minutes à 1 heure.

Mayonnaise:
- Dans un bol à mélanger, mettre la moutarde, le jaune d'oeuf et le vinaigre.
- Saler, poivrer. À l'aide d'un fouet, faire émulsionner.
- En un mince filet, ajouter l'huile petit à petit. Fouetter régulièrement jusqu'à incorporation totale de la matière grasse.

   Pendant le repos de la pâte à frire, préparer les goujons de perchaude et les deux sauces d'accompagnement.
- Vider les perchaudes, lever les filets et retirer la peau.
- Couper chaque filet en deux sur la longueur.
- Laver les filets. Les sécher entre deux linges. Réserver.

Sauces:
- Hacher finement et séparément oignon, persil et cornichons.
- Dans la mayonnaise, incorporer les condiments hachés.
- Séparer le volume de sauce tartare en deux. L'un reste nature; à l'autre, incorporer le ketchup.
- Verser les deux sauces dans autant de saucières.

Cuisson

- Dans une casserole à bord haut, verser 375 ml (1 1/2 tasse) d'huile.
- Porter à ébullition Th maximum.
- Lorsque l'huile fume, passer les goujons de perchaude un à un dans la pâte à frire, les déposer rapidement dans la casserole.
- Les cuire 3 à 4 minutes à raison de 7 ou 8 à la fois.
- Réserver dans une assiette chaude au four jusqu'à cuisson totale de tous les goujons.

Présentation

Dans un grand plat recouvert d'une serviette blanche, dresser les filets frits. Garnir avec des quartiers de citron coupés en 6 et un bouquet de persil. Accompagner le plat des deux saucières.

L'omble de fontaine

Probablement la plus populaire des espèces sportives capturées au Québec. Traquée dès la fonte des glaces, elle ne peut espérer de répit avant la fermeture de la pêche. On lui donne plusieurs noms. Truite rouge, à tort puisque l'omble rouge est une espèce propre facilement identifiable par une multitude de petites différences: absence de lignes sur le dos, nageoire caudale plus découpée, taches rouges sur le haut du dos, absence de ligne blanche sur la nageoire ventrale... Notre omble de fontaine porte aussi le nom de truite saumonée avec raison pour la couleur de sa chair, truite de ruisseau lorsqu'elle habite les torrents frais de montagne et enfin truite mouchetée.

Qu'elle soit une truite mouchetée pour le commun des pêcheurs, ou un omble pour les puristes, les érudits et les scientifiques, tel n'est pas notre propos.

Par contre, sa valeur culinaire est incontestable. La fragilité de sa chair peut être facilement altérée par une mauvaise conservation ou une cuisson trop brutale. Pour en revenir à sa chair, il faut noter que la coloration peut varier d'un lac à l'autre. La nourriture de la bête est un facteur important, déterminant cette coloration qui va du blanc au rouge en passant par l'orangé. L'année dernière, ayant participé à l'ensemencement de plusieurs lacs dans une pourvoirie, j'ai été surpris de constater que les truites n'avaient pas la chair blanche habituelle des ombles de pisciculture engraissés à la moulée de maïs. La chair était déjà rose. Elles avaient été nourries en bassin avec une alimentation à base de restes de crustacés. Les crustacés possèdent dans leur carapace de minuscules poches carminées. Ce sont ces poches de carmin qui éclatent sous l'effet de la chaleur et donnent au homard sa superbe couleur rouge. Est-ce que le phénomène se produit dans la chair du poisson pendant son séjour dans le lac? Allez donc savoir!

Méthode de fumage de la truite

Pendant mes séjours dans les pourvoiries de la province, j'ai eu l'occasion d'observer plusieurs façons de fumer la truite. C'était parfois très bon; quelquefois elles étaient crues à peine parfumées ou bien elles étaient desséchées, jaunes comme du hareng. Le fumage est facile à réussir, il suffit de surveiller le temps de séjour au fumoir.

Je fume régulièrement du caribou, du canard et de la truite. Dans ce traité, c'est cette dernière qui nous intéresse. Je possède un petit fumoir électrique portatif de marque *Little Chief* fabriqué en Orégon. J'y brûle des copeaux de bois de différentes essences vendus sur le marché par cette même compagnie.

Généralement, nos captures font de 15 à 39 cm (6 à 16 po). Voici un échantillon de temps de fumage. Je préfère fumer en filets mes truites de plus de 35 cm (14 po).

Truite mouchetée entière:

15 à 20 cm (6 à 8 po)	2 h 30 min
20 à 25 cm (8 à 10 po)	2 h 45 min
25 à 30 cm (10 à 12 po)	3 h 15 min
30 à 39 cm (12 à 16 po)	3 h 30 min

Truite mouchetée en filets:

30 à 35 cm (12 à 14 po)	1 h 45 min
35 à 39 cm (14 à 16 po)	2 h 15 min

Ingrédients

300 ml (10 oz) d'huile
1 c. à soupe (1 c. à table) d'herbes du jardin hachées

Sel et poivre au goût
Temps de marinage: environ 1 heure

Préparation

- Nettoyer les truites, les parer, retirer les branchies. Les laver soigneusement en prenant soin de retirer le sang le long de la colonne vertébrale.
- Dans un plat, verser l'huile, ajouter les herbes hachées: thym frais, estragon, persil, ciboulette. Saler, poivrer largement.
- Après avoir lavé et asséché les truites, saler et poivrer l'intérieur.
- Les étendre sur l'huile, puis les imprégner d'huile des deux côtés. Imprégner aussi l'intérieur.
- Laisser mariner 1 heure en retournant de temps en temps.
- Dans le fumoir, attacher vos truites ou vos filets par la queue avec une ficelle de boucher.
- Suivre le tableau de fumage ci-haut.

Certains de mes amis, guides de pêche, trouveront mon temps de fumage court, eux qui fument de 4 à 12 heures, même les petites truites. Notre problème n'est pas de conserver le poisson, nous avons d'autres moyens. Une trop longue exposition à la fumée, même faible, enlève le moelleux aux chairs délicates de l'omble de fontaine.

Filets de truite au vin blanc

Il y a des jours où la truite est folle. Elle mord sans retenue, sans tricher, à tout ce qu'on lui présente. En période d'abondance, il faut varier les modes de préparation pour éviter un rejet du poisson. Cette recette, je l'ai bricolée en mangeant une boîte de maquereau au vin blanc que j'avais dans mon sac de portage. Le goût était extra. Pourquoi ne pas l'essayer avec des ombles de fontaine? De retour au travail, j'ai demandé à M. Francis Latil, chef garde-manger au restaurant *Le Centaure*, de faire des essais. Voici le résultat de nos tâtonnements.

Préparer cette recette 4 heures à l'avance.

Pour 6 personnes
Préparation: 20 min
Cuisson: 12 min

Ingrédients

6 truites de 150 à 180 g (5 à 6 oz)
360 ml (12 oz) de vin blanc sec
90 ml (3 oz) d'eau
60 ml (2 oz) de vinaigre blanc
4 citrons
1 oignon moyen
10 branches de persil
1 feuille de laurier
1 pincée de poudre de thym
1 c. à soupe (1 c. à table) de beurre
Sel et poivre blanc au goût

Mise en place

- Nettoyer les truites, lever les filets, ne pas retirer la peau.
- Peler à vif 2 citrons, couper 12 rondelles, en retirer les pépins.
- Presser 2 citrons pour en obtenir le jus.
- Peler et émincer l'oignon en très fines rondelles.

Préparation du jus de cuisson

- Dans une casserole, verser l'eau, le jus de citron, le vin et le vinaigre blanc. Ajouter le thym et le laurier. Saler, poivrer.
- Porter à ébullition Th maximum. Cuire à feu vif environ 2 minutes.
- Laisser refroidir sur le coin de la table. Pendant que ce jus de cuisson refroidit, préparer les truites.

Cuisson

- Beurrer convenablement un plat allant au four, étendre sur le fond les rondelles d'oignon.
- Aligner sans les chevaucher les filets de truite. Saler, poivrer.
- Sur chacun, déposer une rondelle de citron.
- Entre les filets, placer une branche de persil.
- Verser sur les filets, le jus de cuisson refroidi.
- Mettre au four préalablement chauffé à 125°C (250°F).
- Surveiller la cuisson. Lorsque l'ébullition commence, couvrir et laisser cuire de 8 à 12 minutes.
- Laisser refroidir. Conserver au frais 4 heures.

Présentation

Se sert sur un lit de salade ciselée, côté peau sur la laitue, nappé de quelques cuillerées de jus de cuisson.

Soupe de touladi du lac Hôtel

Au lac Hôtel, la truite grise foisonnait. Cet immense lac jamais pêché était un paradis. Nous nous retrouvâmes vite avec un surplus de truites. Non pas pour avoir dépassé les limites permises, mais par la grosseur des captures. Pour ne pas perdre de chair, je décidai de faire de la soupe. Dans ma réserve de victuailles, j'avais de l'oignon, des haricots et des pommes de terre. Les haricots furent éliminés. La suite, la voici.

Pour 6 personnes
Préparation: 20 min
Cuisson: 45 min

Ingrédients

500 ml (2 tasses) de truite grise en brunoise
160 ml (2/3 tasse) d'oignon en fine brunoise
500 ml (2 tasses) de pommes de terre en brunoise
1 c. à soupe (1 c. à table) de persil haché
2 c. à soupe (2 c. à table) de beurre
150 g (5 oz) de crème à 35 p. 100
1 1/2 litre (6 tasses) d'eau
Sel et poivre au goût

Mise en place

- Tailler en petite brunoise un bon morceau de truite grise débarrassée de sa peau pour obtenir 500 ml (2 tasses). Réserver.
- Peler l'oignon, couper en fine brunoise et réserver 160 ml (2/3 tasse).
- Peler et laver 2 grosses pommes de terre. Détailler en brunoise, vous obtiendrez 500 ml (2 tasses).

Préparation

- Dans une casserole, faire fondre le beurre Th 8.
- Dans le beurre fondu, faire suer les oignons 3 minutes, Th 4.
- Remonter le Th à 6, ajouter les dés de poisson. Faire raidir les chairs sans colorer, environ 5 minutes.
- Ajouter les pommes de terre en petits cubes. Laisser suer 2 à 3 minutes tout en remuant.
- Verser l'eau dans la casserole. Saler, poivrer.
- Porter à ébullition Th maximum. Réduire le feu Th 6, couvrir et cuire 40 minutes.
- À l'aide d'un fouet, remuer vigoureusement la soupe pour écraser légèrement la brunoise, sans pour autant réduire en purée. Cette opération a pour but d'épaissir le potage.
- Poursuivre l'ébullition à couvert pour les dernières 5 minutes de cuisson.
- Couper le feu, verser la crème à 35 p. 100 (en ville j'emploie de la crème, en forêt je la remplace par du lait). Ne plus laisser bouillir.

Présentation

Verser dans les assiettes. À ce moment, le jaune du beurre de cuisson remonte en surface et colore légèrement la soupe. Parsemer d'une pincée de persil haché, agréable à l'oeil et au goût.

Truite au jus de citron

Le poisson doit être de première fraîcheur, au sortir de l'eau, pour être consommé cru. Si vous désirez traiter du saumon ou de la truite grise, il vous faudra les lever en filets puis couper de fines escalopes de 1/2 cm (1/4 po) d'épaisseur. Pour les petites prises, suivez cette recette.

Pour 4 personnes
Préparation: 1 h

Ingrédients

4 truites de 180 à 210 g (6 à 7 oz) de première fraîcheur
2 citrons
1 oignon moyen
4 c. à soupe (4 c. à table) d'huile
Poivre du moulin
Sel

Mise en place

- Vider les truites, lever les filets.
- Les laver à l'eau froide, sécher dans un linge.
- Éplucher l'oignon, émincer en fines rouelles.
- Presser les citrons pour obtenir un jus sans pépins.

Préparation

- Saler, poivrer les filets des deux côtés.
- Les étendre dans un plat sans les chevaucher.
- Arroser tous les filets avec le jus de citron, puis l'huile.
- Disposer sur les poissons, les rouelles d'oignon.
- Laisser mariner 10 minutes.
- Retourner les filets, répéter l'opération 5 à 6 fois dans l'heure.

Présentation

Servir sur assiette froide sans les oignons, avec quelques tranches de pain.

Truites au bleu

Cette recette, je l'ai préparée des dizaines de fois, alors chef poissonnier dans un restaurant de Neuchâtel en Suisse. Elle n'est pratiquement jamais utilisée par les pêcheurs québécois. C'est dommage, car c'en est une des plus simples du répertoire de la cuisine. Elle permet de goûter aux chairs fines de la truite sans artifice. Il suffit, pour mener à bien la recette, de garder vivantes les truites jusqu'à la cuisson.

Pour 4 personnes
Préparation: 35 min
Cuisson: 6 à 8 min

Ingrédients

8 truites vivantes de 150 à 180 g (5 à 6 oz) chacune
2 litres (8 tasses) de court-bouillon
120 ml (4 oz) de vinaigre de vin
240 g (8 oz) de beurre
Sel et poivre au goût

Mise en place

- Préparer un court-bouillon en suivant la recette décrite à la page 281.
- Ajouter le vinaigre et cuire comme il est indiqué dans la recette.
- Sortir les truites vivantes de l'eau. Les assommer.
- Vider les poissons par les branchies sans fendre le ventre. Retirer les ouïes.
- Ne pas essuyer ni laver les poissons. C'est le limon protecteur qui donne une jolie teinte bleue en cuisant.

Cuisson

- Diminuer l'intensité du feu sous le court-bouillon Th 3 pour obtenir un léger frémissement.
- Déposer délicatement les truites dans le court-bouillon.
- Couvrir, attendre les premiers bouillonnements. Pocher 6 à 8 minutes sans augmenter la puissance du feu.
- Faire fondre le beurre.

Présentation

Retirer et déposer les truites brûlantes sans autre forme de préparation. Arroser de beurre fondu et servir. Les truites peuvent être présentées sur la table dans le court-bouillon.

Truites au parfum de concombre

Marier concombres et truites, la démarche était hardie, mes invités surpris, et pour cause. Le résultat agréable, surprenant, hors des sentiers communs.

Pour 4 personnes
Préparation: 1 h
Cuisson: 12 à 15 min

Ingrédients

4 truites de 250 à 300 g (8 à 10 oz)
200 ml (6 oz) de concombre en brunoise
100 ml (3 oz) d'oignon en brunoise
500 ml (1/4 tasse) de céleri en brunoise
24 olivettes de concombre
24 olivettes de carottes nouvelles
8 petites pommes de terre vapeur
240 ml (8 oz) de vin blanc
360 ml (12 oz) d'eau
100 g (3 oz) de crème à 35 p. 100
3 c. à soupe (3 c. à table) de beurre manié (voir recettes pages 296 à 298)
1 c. à soupe (1 c. à table) de beurre
1 branche de thym frais
Sel et poivre au goût

Mise en place

- Nettoyer les truites, les parer, vider, retirer les branchies.
- Les laver en prenant soin de retirer le sang le long de la colonne vertébrale.
- Peler et vider les concombres, détailler en brunoise pour obtenir environ 200 ml (6 oz).

- Faire la brunoise d'oignon et de céleri.
- Peler, laver carottes et pommes de terre.
- Couper en deux un concombre, ne pas retirer la peau, le vider.
- Tourner au petit couteau d'office, carottes et concombre en olivettes de 4 à 5 cm X 1 cm (1 1/2 à 2 po X 1/2 po).
- Tourner les pommes de terre en grosses olives de 6 à 7 cm X 2 à 3 cm (2 1/2 à 3 po X 1 à 1 1/4 po).
- Réserver les légumes tournés dans un saladier avec de l'eau froide.

Cuisson

- Beurrer un plat de cuisson de juste grandeur.
- Étendre sur le fond, la brunoise de légumes.
- Y coucher sur le flanc les 4 truites, saler, poivrer, ajouter la branche de thym.
- Mouiller avec le vin blanc et l'eau.
- Faire prendre ébullition Th 7 à 8. Écumer la mousse qui se forme en surface.
- Couvrir, réduire le feu Th 3 à 4, pocher doucement à bouillons légers de 12 à 15 minutes.
- Après cuisson, laisser infuser et tiédir à couvert pendant 15 minutes. Pendant l'infusion des truites, cuire les légumes d'accompagnement.
- Dans autant de petites casseroles qu'il y a de variétés, cuire les olivettes de légumes à l'eau salée.
- Garder croquant, sauf les pommes de terre qui doivent être cuites à point. Tenir au chaud dans l'eau de cuisson.

Sauce

- Après l'infusion, retirer les truites de la cuisson, les réserver au chaud.
- Porter à ébullition et cuire 5 petites minutes Th 8 le fond de cuisson, retirer le thym.

- Au fouet, incorporer par petites noix le beurre manié, cuire à nouveau 5 minutes. Réduire le feu Th 4 à 5.
- Passer le tout au mélangeur électrique pour liquéfier la brunoise et obtenir une sauce homogène.
- Remettre dans la casserole, donner un petit bouillon, ajouter la crème à 35 p. 100. Rectifier l'assaisonnement. Garder au chaud sans bouillir Th maximum.
- Lever délicatement les filets, retirer la peau. Égoutter les petits légumes.

Présentation

Au centre de 4 grandes assiettes très chaudes, déposer quelques cuillerées de sauce. Déposer dans chacune 2 filets de truite avec les petits légumes en alternant les couleurs. Verser le reste de la sauce sur les poissons en laissant à découvert les olivettes.

Truites du lac Lady

Cette entrée, accompagnée d'une salade de feuilles d'épinards, se sert froide non réfrigérée pour garder à la chair sa finesse et son moelleux. Sur la Côte Nord ou en Gaspésie, ajouter des crevettes fraîches, c'est super.

Pour 4 personnes
Préparation: 1 h 30 min
Cuisson: 5 min

Ingrédients

32 feuilles d'épinards jeunes et tendres
12 petites truites 60 à 90 g (2 à 3 oz) chacune
175 g (6 oz) de crème sure
1 oignon
1 branche de thym (frais si possible)
1 feuille de laurier
3 à 4 branches de persil
750 ml (3 tasses) d'eau
2 c. à soupe (2 c. à table) de vinaigre de vin (cuisson)
2 c. à soupe (2 c. à table) de vinaigre de vin (salade)
5 c. à soupe (5 c. à table) d'huile
Sel et poivre blanc moulu au goût

Mise en place

- Nettoyer les truites, les parer, retirer les branchies, les laver soigneusement en prenant soin de retirer le sang le long de la colonne vertébrale.
- Émincer l'oignon en fines rondelles. Les étendre sur le fond d'un plat à cuisson de juste grandeur.
- Y déposer sans les chevaucher les 12 truites. Mouiller avec l'eau. Elle doit tout juste recouvrir les poissons.

- Ajouter le vinaigre de vin, le thym, les branches de persil et le laurier. Saler, poivrer.
- Faire prendre ébullition Th 9 puis réduire immédiatement le feu Th 2-3.
- Pocher 4 à 5 minutes puis couvrir d'un papier d'aluminium.
- Couper le feu et laisser refroidir complètement.
- Pendant la cuisson des truites, laver les épinards, retirer les queues et les côtes.
- Les assécher sans briser les feuilles, entre deux linges secs.

Préparation

- Refroidies, les truites sont retirées du jus de cuisson.
- Enlever la peau et la tête de chaque poisson, les étendre sur une serviette sèche.
- Détendre avec une goutte d'eau la crème sure, sans la rendre trop fluide. Saler et poivrer.
- Dans un grand saladier, faire la salade d'épinards aux feuilles bien sèches, ajouter le sel, le poivre, le vinaigre de vin et l'huile.

Présentation

- Utiliser 4 grandes assiettes.
- Déposer sur le côté de chaque assiette 1/4 de la salade d'épinards.
- Partant de la salade, déposer en éventail sur l'assiette, 3 truites par convive.
- Sur chaque truite, napper 1 c. à soupe (1 c. à table) de crème sure.
- Pour l'harmonie des couleurs, ajouter quelques crevettes roses, environ 3 ou 4 par truite, seulement si elles sont fraîches. Les crevettes de Matane que l'on retrouve en ville sont malheureusement congelées.

Truites fumées aux pommes de terre tièdes

Cette entrée se fait exclusivement avec des pommes de terre nouvelles très petites. De vieilles pommes de terre altéreraient le goût fin de cette salade d'été servie tiède.

Pour 4 personnes
Préparation: 35 min
Cuisson: 15 min

Ingrédients

**4 truites de ruisseau de 180 g (6 oz) chacune,
    fumées
720 g (24 oz) de petites pommes de terre nouvelles
2 oeufs durs
2 tomates moyennes bien mûres
8 feuilles de laitue Boston
1 c. à café (1 c. à thé) de ciboulette hachée
1/2 c. à café (1/2 c. à thé) d'estragon frais haché
2 c. à soupe (2 c. à table) de vinaigre de vin
6 c. à soupe (6 c. à table) d'huile
Sel et poivre au goût**

Mise en place

- Laver et brosser les pommes de terre nouvelles sans retirer la peau.
- Les cuire à l'eau salée. Tenir ferme pour éviter de faire une purée, laisser tiédir à sec dans une assiette.
- Cuire les oeufs 11 minutes. Après cuisson, faire tiédir hors de l'eau.
- Éplucher la laitue, ne garder que les feuilles jaunes du centre: 8 belles feuilles lavées et séchées.

92

- Retirer la peau, la tête et les arêtes des truites.
- Effeuiller les chairs dans une assiette.
- Hacher finement et séparément la ciboulette et l'estragon.
- Couper en rondelles les pommes de terre tièdes.
- Éplucher et couper en 4 sur la longueur, les oeufs durs tièdes.
- Couper en quartiers les 2 tomates.

Préparation

- Dans un grand saladier, mettre la chair des truites, les rondelles de pommes de terre, la ciboulette et l'estragon hachés. Saler, poivrer. Verser dessus la vinaigrette et l'huile.
- Remuer lentement et délicatement pour éviter de transformer en tas informe.

Présentation

Sur un joli plat de service, étendre les feuilles de laitue. Y déposer avec soin la salade de truites et de pommes de terre. Décorer en alternant avec les quartiers d'oeufs et de tomates.

Truites sur la braise ou en papillote

Cet énoncé est beaucoup plus une méthode de cuisson qu'une recette. Le fameux *Shore Lunch* des guides et des pêcheurs est souvent trop cuit, desséché. Les chairs enveloppées d'aluminium sont en contact direct avec la flamme vive ou une braise trop ardente. Que ce soit en papillote, à la broche ou au bout d'une perche, le poisson doit cuire par l'action de la chaleur dégagée des braises. De plus, le goût est souvent gâché par l'odeur de la fumée. Le temps de cuisson est rapide, ne laissez pas traîner trop longtemps vos papillotes sur le feu.

Pour réussir le *Shore Lunch*, il faut préparer un lit de braises de 15 à 20 cm (6 à 8 po) de haut. Le feu doit être fait une bonne heure à l'avance avec du bois très sec en replaçant souvent les bûches pour obtenir une combustion égale.

Certains soirs sur la grève, nous regardions descendre le soleil sur la toundra, les truites au chaud sous la braise, cuisaient doucement. Pour contenter mes pêcheurs, il me fallait leur en préparer une demi-douzaine chacun. Voici la recette.

Pour 4 personnes
Préparation: 15 min
Cuisson: 6 à 8 min

Ingrédients

16 truites de 180 g (6 oz)
2 oignons
60 ml (2 oz) d'huile
1 litre (4 tasses) de vin blanc
Sel et poivre au goût

16 feuilles de papier d'aluminium de 12 X 20 cm (5 à 8 po)

Mise en place

- Nettoyer les truites, vider, retirer les branchies.
- Laver les poissons en prenant soin de retirer le sang le long de la colonne vertébrale.
- Les assécher dans un linge ou les laisser s'égoutter sur une branche ou une pierre.
- Trancher les oignons en fines rondelles.

Cuisson des papillotes

- Saler, poivrer les truites (intérieur et extérieur).
- Glisser dans la cavité abdominale une rondelle d'oignon.
- Badigeonner à l'huile les feuilles d'aluminium.
- Sur chaque feuille, déposer une truite.
- Pincer et plier les bords, et verser 60 ml (2 oz) de vin blanc sur chaque truite.
- Refermer les bords hermétiquement.
- Déposer les papillotes sur les braises grises. Ne pas remuer le feu pour découvrir les braises rouges. La chaleur montera d'elle-même.
- S'il y a de la cendre autour du feu, recouvrir les papillotes.
- De temps en temps, retourner les poissons.
- Le meilleur moyen pour vérifier si le poisson est cuit est d'ouvrir une papillote et de toucher les chairs.

Présentation

Servir dans le papier d'aluminium transformé en assiette.

Fondue de poissons aux légumes

Comme son nom l'indique, ce potage doit ressembler à une fondue, à mi-chemin entre la soupe et la purée. Cette recette douce et veloutée exhale les parfums du jardin et des rivières. Vous pouvez la composer avec tous les poissons de nos eaux douces. Plus qu'un potage, cette fondue doit être servie largement dans une grande assiette creuse.

Pour 6 personnes
Préparation: 30 min
Cuisson: 45 min

Ingrédients

740 g (28 oz) de filets de poisson
500 ml (2 tasses) de pommes de terre en brunoise
250 ml (1 tasse) de carottes en brunoise
500 ml (2 tasses) de blanc de poireau émincé
125 ml (1/2 tasse) de branche de céleri émincée
125 ml (1/2 tasse) d'oignon émincé
100 g (3 oz) de beurre
125 ml (1/2 tasse) de crème à 35 p. 100
1 c. à café (1 c. à thé) de ciboulette hachée
2 1/2 litres (10 tasses) d'eau
Sel et poivre blanc au goût

Mise en place

- Lever les filets de poisson. Retirer la peau.
- Détailler les chairs en brunoise. Réserver dans une assiette.
- Peler et laver carottes et pommes de terre. Détailler en brunoise. Réserver dans une assiette.

96

- Laver céleri et blanc de poireau, les émincer grossièrement. Ajouter à la brunoise de carottes et de pommes de terre.
- Peler et émincer l'oignon.

Préparation

- Dans un fait-tout ou un pot-au-feu, faire fondre le beurre.
- Mettre dans la marmite tous les légumes.
- Faire suer 10 à 12 minutes Th 4 sans colorer. Remuer régulièrement à l'aide d'une cuillère de bois.
- Ajouter les dés de poisson, laisser raidir 5 minutes.
- Mouiller avec l'eau.
- Saler, poivrer.
- Faire prendre ébullition Th maximum, écumer au début les mousses qui se forment en surface.
- Réduire la température de cuisson Th 6-7. Couvrir le pot-au-feu, cuire 30 minutes à petits bouillons.
- Après cuisson, retirer le couvercle. Laisser tiédir hors du feu.
- Passer le tout au mélangeur électrique pour obtenir une crème homogène.
- Rincer l'appareil avec 60 ml (2 oz) d'eau chaude. Ajouter à la soupe.
- Remettre le potage dans le pot-au-feu et chauffer.
- Verser en fouettant la crème à 35 p. 100. Faire prendre ébullition et retirer immédiatement du feu.

Présentation

Répartir également la fondue dans des assiettes creuses, saupoudrer au centre une pincée de ciboulette hachée.

Les poissons de mer

Il est des espèces qui ne sont pas «classées» comme sportives et qui pourtant jouissent d'une grande popularité chez les vacanciers qui font la Côte Nord ou la Gaspésie. Il ne faut pas croire que seules les populations locales consomment la morue, l'éperlan, le maquereau ou la plie. C'est à pleines glacières que ces poissons d'eau salée rejoignent la table des citadins.

Je dois avouer que pêcher la morue à la jigge au large des Escoumins ne peut être comparé au combat royal que livre un grand brochet du Nord. Capturer une chaudière d'éperlans sur le quai de Saint-Siméon n'a rien à voir avec la traque du doré jaune de l'Abitibi. Par contre, croiser le fer avec le maquereau de l'Atlantique au lancer léger, sur un quai de Gaspésie me donne des émotions de grand calibre. Ce prédateur fusiforme taillé pour la course ne vend pas facilement sa peau. Si vous décidez d'engager le combat avec lui, équipé «super léger» poids pour poids, le maquereau surpasse bien des espèces sportives en combativité.

Dans ce livre de recettes sur le poisson et le gibier, je ne pouvais passer sous silence mes séjours dans le golfe du Saint-Laurent. Que d'heures magnifiques j'ai musardé sur les quais battus par les vagues et les embruns. En plus des poissons cités ci-haut, j'y ai capturé de l'anguille, du poulamon, de la truite de mer et même du saumon.

Il est un quai en mauvais état que plus grand monde ne fréquente. C'est celui de rivière Pentecôte, perdu sur la Côte Nord entre Baie Comeau et Sept-Îles. Ce magnifique petit village aux maisons de bois pittoresques niché au pied de la montagne entre la mer et la forêt vaut le déplacement pour sa pêche. J'y fais des captures «surprenantes». L'éperlan et la truite s'y côtoient en grand nombre, la petite anguille, excellente frite, est un boni et de temps en temps un hareng se laisse attraper. Pêcher au ver dans l'estuaire de la rivière presque ensablée par les marées est une loterie.

Après quinze années de quête, je dois admettre que je n'ai pas beaucoup de recettes personnelles sur les poissons de mer. Peut-être parce que le sujet est commun. En voici quelques petites. Elles ne sont pas dépourvues de charme. À croire que le bruit des vagues et le cri des goélands ne m'inspirent pas beaucoup.

Éperlans frits au beurre d'ail

Ce diable de petit poisson de la famille des salmonidés fait courir les foules. Il faut voir le quai de Saint-Siméon les soirs d'été. Si vous ne marquez pas votre place des heures à l'avance, vous n'aurez pas de chance pour la pêche de nuit. La meilleure façon de déguster l'éperlan, c'est frit. J'ai essayé bien des recettes, je reviens toujours à la même. Les plus petits sont les meilleurs.

Pour 6 personnes
Préparation: 10 min
Cuisson: 3 à 4 min

Ingrédients

48 éperlans de petite taille (8 par convive)
350 g (12 oz) de beurre à l'ail
100 g (1/2 tasse) de farine
2 citrons
500 ml (2 tasses) d'huile
Sel et poivre au goût

Mise en place

- Vider, ébarber et couper les têtes des éperlans (facultatif).
- Laver rapidement en évitant de les laisser séjourner dans l'eau.
- Sécher dans un linge sec. Il ne doit plus rester une goutte d'eau.
- Passer les éperlans à la farine.

Cuisson

- Dans une casserole à bord très haut, verser l'huile. Faire chauffer Th maximum.

- Plonger les éperlans dans l'huile bouillante à raison de 5 ou 6 à la fois.
- Cuire de 3 à 4 minutes sans réduire le feu.
- Réserver dans un plat à four chaud, jusqu'à la fin de l'opération.

Beurre d'ail

Faire fondre sans bouillir le beurre d'ail. Pour la préparation, suivre la recette décrite à la page 296.

Présentation

Dresser les éperlans brûlants et croquants en buisson sur un plat de service. Saler, poivrer. Verser sur le buisson le beurre d'ail chaud. Garnir de citrons coupés en 6 et servir.

Omelette aux éperlans

Cette recette remonte à ma jeunesse, où avec mes copains, nous allions pêcher les vairons dans les ruisseaux. Le soir venu, nous mangions l'omelette aux petits poissons frits, arrosée de quelques verres de sauvignon. J'ai essayé avec des menés; c'est pas mal. Mais avec des filets d'éperlans c'est extra. Le sauvignon est de rigueur.

Pour 4 personnes
Préparation: 15 min
Cuisson: 15 min

Ingrédients

2 douzaines d'éperlans de petite taille
8 oeufs
50 g (1/4 tasse) de farine
500 ml (2 tasses) d'huile
2 c. à soupe (2 c. à table) de beurre
1 c. à café (1 c. à thé) de ciboulette hachée
1 citron
Sel et poivre au goût

Mise en place

- Vider, ébarber, couper la tête des éperlans.
- Lever les filets (seulement pour les gros).
- Laver rapidement en évitant de les laisser séjourner dans l'eau.
- Sécher dans un linge sec.
- Passer les filets à la farine.
- Hacher la ciboulette.
- Casser les oeufs dans un bol. Saler, poivrer, ajouter la ciboulette hachée. Battre vigoureusement au fouet pour faire mousser les oeufs.

Cuisson

- Dans une casserole à bord très haut, faire chauffer l'huile Th maximum.
- Plonger les éperlans ou les filets dans l'huile bouillante à raison de 5 ou 6 à la fois.
- Cuire de 3 à 4 minutes (moins pour les filets) sans réduire le feu.
- Réserver dans un plat à four chaud, jusqu'à la fin de la friture.
- Dans une poêle, faire fondre le beurre.
- Verser les oeufs et faire cuire l'omelette. Juste avant la fin de la cuisson, déposer sur un côté 7 ou 8 éperlans.
- Plier l'omelette en deux et finir la cuisson.

Présentation

Retourner l'omelette dans un plat. Garnir avec le reste des éperlans frits et des quartiers de citron. Servir.

Chaudron de maquereau

Cette recette est une adaptation d'une discussion tenue sur le quai de Godbout avec un pêcheur du coin. Le maquereau roulait. Ils arrivaient en bancs serrés, faisant «bouillir» la surface du fleuve dans leur chasse éperdue aux lançons. Tout d'abord, le bonhomme m'apostropha:

«Hé! le jeune, tu les saignes pas?»

Interloqué, je le fixai. Voyant que je ne comprenais pas, il enchaîna:

«Les maquereaux, c'est comme les cochons, ça se saigne! Regarde.»

Il venait justement de tirer de l'eau une belle pièce qui se démenait comme un diable en furie. Du manche de son couteau, il assomma la bête, et de la pointe de la lame, il fit une incision sous la tête à la naissance du corps. Le sang gicla. «C'est ben meilleur à manger!»

Depuis ce jour, je saigne tous mes maquereaux.

Impossible d'arrêter le moulin à paroles du bonhomme. Tout y passa: les saumons, les loups marins, la chasse, la mer et la cuisson des maquereaux. Pour lui, la recette suprême consistait à remplir un chaudron d'eau, y couper en morceaux du lard, des oignons, des patates, 3 ou 4 gros maquereaux, ajouter une poignée de sel et laisser bouillir sur le coin du poêle.

«C'est ben meilleur à manger!»

Pour 6 personnes
Préparation: 30 min
Cuisson: 45 min

Ingrédients

6 maquereaux de 350 g (12 oz) (240 à 270 g (8 à 9 oz) parés et vidés

250 g (8 oz) d'oignons émincés
350 g (12 oz) de champignons blancs émincés
500 g (1 lb) de pommes de terre en cubes
4 tomates
1 citron
1 bouquet garni (3 branches de persil, 1 feuille de laurier, 1 branche de thym)
3 c. à soupe (3 c. à table) d'huile
500 ml (2 tasses) de vin blanc sec
1 litre (4 tasses) d'eau
Sel et poivre au goût

Mise en place

- Vider les maquereaux, couper les têtes, ébarber, laver.
- Tronçonner les poissons en rouelles de 5 cm (2 po).
- Émincer séparément oignons et champignons. Réserver.
- Peler, vider et couper en cubes de 2 cm (1 po) de côté les tomates.
- Peler, laver et couper en cubes de 4 cm (1 1/2 po) de côté les pommes de terre.
- Faire le bouquet garni.
- Presser le citron pour en obtenir le jus sans pépins.

Cuisson

- Dans une marmite ou un chaudron, faire chauffer l'huile Th 8.
- Y faire blondir les oignons émincés environ 4 minutes.
- Mouiller avec 1 litre (4 tasses) d'eau, 1/2 litre (2 tasses) de vin blanc et le jus de citron. Saler, poivrer.
- Déposer dans ce fond de cuisson, les rouelles de maquereau, les pommes de terre, les cubes de tomate et le bouquet garni.
- Couvrir et faire prendre ébullition Th maximum,

réduire le feu et conduire la cuisson 30 minutes à petits bouillons Th 5-6.

- 15 minutes avant la fin, additionner les champignons. Poursuivre la cuisson. Si l'absorption ou l'évaporation ont été trop importantes, ajouter 250 ml (1 tasse) d'eau pour obtenir environ 120 à 150 ml (4 à 5 oz) de liquide par convive.

Présentation

J'aime cuire cette recette à l'avance. Je la laisse infuser une petite heure en plus des 45 minutes de cuisson sans bouillonnement ni évaporation. Retirer le bouquet garni et poser le chaudron sur la table en retirant le couvercle devant les convives. Servir avec du pain de campagne.

Filets de maquereau au beurre de vin

Si la première recette de maquereau était de cuisson longue, en voici une qui se fait à la minute. Elle se prépare rapidement, les jours où le soleil invite à courir les grèves.

Pour 4 personnes
Préparation: 15 min
Cuisson: 12 min

Ingrédients

4 maquereaux de 360 g (12 oz)
5 c. à soupe (5 c. à table) de beurre
5 c. à soupe (5 c. à table) d'huile
125 ml (4 oz) de vin blanc
125 g (4 oz) de crème à 35 p. 100
1 aubergine moyenne
75 g (1/3 tasse) de farine
1 c. à café (1 c. à thé) de persil haché
Sel et poivre au goût

Mise en place

- Vider les maquereaux, lever les filets sans retirer la peau, laver, assécher.
- Côté peau, pratiquer 5 à 6 incisions dans le filet sans trop entailler les chairs. Saler, poivrer.
- Couper une aubergine en tranches de 3/4 cm (3/8 po) sans en retirer la peau. Saler et poivrer les 8 tranches.

Cuisson des poissons et de l'aubergine

- Dans une sauteuse à fond épais ou une poêle en téflon, faire fondre 2 c. à soupe (2 c. à table) de beurre. Ajouter 1 c. à soupe (1 c. à table) d'huile.

- Lorsque le beurre chante, y déposer les filets de maquereau sans les fariner, cuire 2 à 3 minutes de chaque côté Th 6 à 7.
- Dans une autre poêle, chauffer 4 c. à soupe (4 c. à table) d'huile.
- Passer à la farine les tranches d'aubergine. Les mettre dans la poêle et cuire chaque côté 2 à 3 minutes Th 5 à 6.
- Après cuisson, déposer 2 tranches d'aubergine par assiette. Sur chacune, déposer 1 filet de maquereau. Réserver les assiettes à four chaud.

Sauce

Pour la sauce, vous servir de la sauteuse précédemment utilisée pour cuire les filets.
- Retirer le gras de cuisson de la sauteuse. La remettre sur le feu Th 8.
- Faire fondre le reste du beurre. Colorer légèrement.
- Déglacer le beurre blond au vin blanc. Réduire de moitié Th 6.
- Ajouter la crème à 35 p. 100 et le persil haché, cuire doucement pour faire prendre corps environ 4 minutes Th 3 à 4.

Présentation

Sortir les assiettes du four et verser sur chaque filet 2 à 3 c. à soupe (2 à 3 c. à table) de sauce courte. Servir sans attendre.

Filets de morue ménagère

Lorsque l'Atlantique déchaîne ses flots et ses glaces sous les coups de boutoir du «Nordet», nous refusant toute pêche, il est temps de fouiller dans le congélateur, d'en sortir la morue capturée au cours de l'été avant que les chairs ne soient brûlées par la congélation.

Pour 4 personnes
Préparation: 35 min
Cuisson: 12 min

Ingrédients

2 filets de morue de 500 g (1 lb) chacun
2 oignons moyens
6 branches de persil
1 feuille de laurier
4 c. à soupe (4 c. à table) de beurre
6 c. à soupe (6 c. à table) de farine
250 ml (8 oz) de lait
420 ml (14 oz) de fond de cuisson
180 ml (3/4 tasse) de gruyère râpé
Sel et poivre au goût

Mise en place

- Lever les filets de morue fraîche, retirer la peau, laver ou décongeler les filets.
- Émincer les 2 oignons.

Cuisson

- Dans un plat creux de juste grandeur, déposer les oignons émincés, le persil et le laurier.
- Déposer sur les oignons sans les chevaucher, les filets de morue.

- Recouvrir d'eau froide, environ 1 1/2 litre (6 tasses). Saler, poivrer.
- Porter à ébullition Th 8, réduire le feu Th 3 à 4, pour obtenir un léger frémissement, cuire 10 à 12 minutes à couvert.
- Écumer à l'aide d'une louche les dépôts de surface.

Sauce

- Dans une casserole, faire fondre 4 c. à soupe (4 c. à table) de beurre.
- Ajouter 6 c. à soupe (6 c. à table) de farine. Cuire 3 à 4 minutes sans colorer Th 3 à 4.
- Mouiller le roux avec 420 ml (14 oz) de fond de cuisson passé au chinois fin et 240 ml (8 oz) de lait. Fouetter énergiquement jusqu'à dissolution complète du roux.
- Porter à ébullition Th 8, réduire la chaleur Th 4 à 5. Cuire la sauce 6 à 8 minutes. Elle doit rester fluide.
- Toujours sur le feu, incorporer en remuant, la moitié du gruyère râpé.

Gratin

- Sortir les filets pochés du jus de cuisson. Les étendre avec précaution sur un linge sec pour les assécher sans les refroidir.
- Dans un plat à gratin de juste grandeur préalablement beurré sur le fond, allonger les 2 filets.
- Napper entièrement avec la sauce. Saupoudrer le reste du fromage.
- Placer à four chaud et servir.

Morue à la fondue de tomate

En faisant la Gaspésie de port en port, de restaurant en restaurant, il est triste de constater que la morue est presque toujours cuite au beurre. Pourtant, au mois d'août, la tomate mûrit à pleins champs. Chez les maraîchers, elle se vend à la caisse pour quelques dollars, les herbes fraîches pour quelques sous. Avec un peu d'imagination pour un instant, faisons entrer dans la cuisine les parfums de la Provence en mariant les tomates gonflées de soleil aux herbes aromatiques. Laissons entrer dans la marmite le basilic, le fenouil et la sariette. Pour en exprimer tout le parfum, il est préférable de ne pas mélanger toutes les herbes. L'une d'elles doit dominer. Par exemple, basilic, ail et thym, ou fenouil, ail et persil...

Pour 4 personnes
Préparation: 25 min
Cuisson: 45 min

Ingrédients

8 morceaux de morue de 125 à 150 g (4 à 5 oz)
1 kg (2 lb 3 oz) de tomates bien mûres
2 oignons moyens émincés
3 gousses d'ail hachées
3 branches de persil
2 c. à soupe (2 c. à table) de basilic haché
1 branche de thym frais
2 c. à soupe (2 c. à table) d'huile d'olive
1 c. à soupe (1 c. à table) de beurre
2 litres (2 pintes) de court-bouillon
Sel et poivre au goût

Mise en place

- Préparer et cuire un court-bouillon en suivant la recette décrite à la page 281.
- Lever la morue en filets, retirer la peau, laver, assécher.
- Couper le ou les filets de morue en portions de 120 à 150 g (4 à 5 oz) et réserver dans une assiette.
- Peler et émincer les 2 oignons.
- Hacher l'ail et le persil.
- Ciseler le basilic.
- Peler, vider les tomates, les couper en 8.

Cuisson

Cuire simultanément la morue et la fondue:

- Dans une grande casserole, faire chauffer 2 c. à soupe (2 c. à table) d'huile d'olive.
- Faire tomber les oignons 5 minutes Th 6 sans les colorer.
- Ajouter tomates, ail et persil haché, basilic ciselé et branche de thym. Saler et poivrer.
- Faire prendre ébullition Th 9. Cuire à feu doux Th 4 à 5 pendant environ 20 minutes. Ne pas couvrir pour permettre l'évaporation de l'eau des tomates. Ne pas réduire complètement à sec.
- Pour aider la transformation de la pulpe en fondue, écraser les gros morceaux à l'aide d'une cuillère. Pendant la cuisson des tomates, pocher la morue.
- Dans un plat creux préalablement beurré, aligner les portions de morue.
- Mouiller avec le court-bouillon presque refroidi. Saler et poivrer.
- Faire prendre ébullition Th 9. Réduire immédiatement le feu pour obtenir un faible frémissement.
- À l'aide d'une louche, écumer les dépôts de surface.

- Couvrir et laisser pocher doucement environ 10 à 12 minutes Th 3 à 4.

Présentation

Sortir les filets chauds du court-bouillon. Les étendre quelques secondes sur un linge sec pour assécher sans les refroidir. Dans un plat de service, aligner les morceaux de filets. Napper avec la fondue et servir. Pour donner de la couleur au plat, parsemer sur le dessus un peu de basilic et de persil hachés.

Salade de rivière aux Rosiers

Pour cette agréable salade d'été, la morue et la truite de mer s'allient aux légumes du jardin. Tous les composants doivent être de première fraîcheur pour en garder le doux parfum estival. Rivière aux Rosiers est une halte de vacances du côté des Escoumins, où le crabe, la morue et la truite de mer sont le but de ma quête. Cette recette n'est pas une entrée, mais un repas complet.

Pour 4 personnes
Préparation: 1 h
Cuisson: 20 min

Ingrédients

240 g (8 oz) de filets de truite de mer (net après cuisson)
240 g (8 oz) de morue (net après cuisson)
240 g (8 oz) de crabe (net après cuisson)
2 oeufs durs
2 tomates moyennes
240 g (8 oz) de haricots verts frais
240 g (8 oz) de pommes de terre nouvelles
1 petit concombre
2 laitues Boston
240 g (8 oz) de betteraves
240 g (8 oz) de carottes
1 c. à café (1 c. à thé) de persil haché
1 c. à café (1 c. à thé) d'estragon haché
1 c. à café (1 c. à thé) de ciboulette hachée
2 échalotes vertes ciselées
100 g (3 oz) de crème sure
125 ml (1/2 tasse) de vinaigrette

1 litre (4 tasses) de court-bouillon
Sel et poivre au goût

Mise en place

- Préparer le court-bouillon en suivant la recette décrite à la page 281.
- Nettoyer les truites, parer, retirer les branchies, les laver soigneusement.
- Faire frémir le court-bouillon Th 3-4, y plonger les truites, pocher 4 à 5 minutes à petits bouillons.
- Après cuisson, retirer les poissons, laisser refroidir dans une assiette.
- Procéder de la même façon avec la morue.
- Cuire séparément à l'eau salée, haricots verts, pommes de terre et betteraves. Faire refroidir.
- Cuire les oeufs 11 minutes, refroidir et couper en 4 quartiers.
- Pendant la cuisson des poissons et des légumes, hacher et ciseler séparément les herbes.
- Éplucher les laitues. Ne garder que les feuilles jaunes et tendres du coeur. Laver, essorer, réserver dans un linge.
- Éplucher, épépiner le concombre et l'émincer. Réserver.
- Couper chaque tomate en 6 quartiers.

Préparation

- Refroidies, truites et morue sont débarrassées de leur peau et des arêtes.
- Dans un saladier, effeuiller la chair des poissons. Ajouter la chair de crabe déjà cuite par les pêcheurs.
- Verser la crème sure dans le saladier, détendre avec un peu d'eau.
- Ajouter la ciboulette hachée, saler, poivrer. Bien mélanger.

- Chaque petite salade se prépare séparément comme suit: dans un petit saladier, mettre les haricots verts, 1 c. à soupe (1 c. à table) de vinaigrette, 1 pincée de persil haché, 1 pincée d'estragon haché, 1 pincée d'échalote verte ciselée, sel et poivre.
- Répéter l'opération pour le concombre, les betteraves, les carottes et les pommes de terre.

Présentation

Au centre d'une grande assiette, dans une feuille de laitue, déposer 1/4 de la salade de poissons. En forme de fleur, disposer autour 5 petites feuilles creuses de coeur de laitue. Dans chacune, à l'aide d'une cuillère, déposer 1/4 de chaque salade de légumes. Agrémenter chaque assiette avec les quartiers de tomates et d'oeufs durs. Servir.

Darne d'omble de l'Arctique au sabayon de persil

L'omble de l'Arctique n'est pas familier aux pêcheurs. Ce magnifique poisson de combat, en raison de son habitat septentrional, n'est capturé de façon sportive que par un nombre limité de sportifs. Pour le pêcheur moyen, il lui faut attendre la saison de chasse au caribou et combiner les deux. C'est un moyen de réduire la facture. Pour ceux qui ne peuvent ou ne veulent pas «monter» au Nouveau Québec, ce poisson est vendu sur le marché sous le nom de *Arctic char*. Les ombles de l'Arctique se traitent en cuisine comme le saumon ou les grosses truites. C'est Jürgen Mellorn, alors chef exécutif au *Hilton* de l'aéroport de Dorval, qui m'a fait découvrir le sabayon servi comme sauce. Généralement, le sabayon est un dessert. N'hésitez pas à vous servir de cette recette pour le saumon.

Pour 4 personnes
Préparation: 35 min
Cuisson: 12 min

Ingrédients

8 tranches d'omble de l'Arctique de 125 g (4 oz)
3 jaunes d'oeufs
1 c. à soupe (1 c. à table) de persil haché
1 c. à soupe (1 c. à table) d'échalotes séchées
1 c. à soupe (1 c. à table) de beurre
180 ml (6 oz) de vin blanc sec
360 ml (12 oz) d'eau ou de fumet de poisson
4 c. à soupe (4 c. à table) d'eau
Sel et poivre au goût

Mise en place

- Couper 8 tranches de 125 g (4 oz) dans la plus belle partie d'un omble de l'Arctique. Laver, assécher.
- Hacher très fin 2 échalotes séchées pour obtenir 1 c. à soupe (1 c. à table).

Cuisson du poisson

- Beurrer un plat de cuisson assez grand pour contenir les 8 tranches de poisson sans les chevaucher.
- Parsemer sur le fond les échalotes hachées.
- Y étendre les darnes d'omble, saler, poivrer.
- Mouiller juste pour recouvrir avec 180 ml (6 oz) de vin blanc et 360 ml (12 oz) d'eau ou de fumet de poisson (recette à la page 285).
- Faire prendre ébullition Th 7-8. Réduire le feu Th 3-4 pour obtenir un léger frémissement.
- À l'aide d'une louche, écumer les mousses de surface. Pocher à couvert 12 minutes.
- Après cuisson des darnes, les retirer avec précaution. Les déposer sur un linge sec.
- Passer le fond de cuisson au chinois fin, de préférence à l'étamine.

Sauce et préparation des darnes

- Dans une casserole, mettre 1 c. à soupe (1 c. à table) de persil haché, ajouter le fond de cuisson.
- Faire prendre ébullition Th 8. Conduire la cuisson à découvert pour obtenir une réduction de 120 ml (4 oz). Pendant la réduction du fond de cuisson, parer les tranches de poisson.
- À l'aide d'un petit couteau, retirer peau, arêtes et mousse blanche. Séparer la darne en deux sur la longueur.
- Dresser les demi-darnes en éventail dans 4 assiettes chaudes. Réserver au four à température moyenne.

- Dans un cul-de-poule ou un saladier, verser 4 c. à soupe (4 c. à table) d'eau froide.
- Ajouter 3 jaunes d'oeufs. Fouetter 1 minute sans interruption pour obtenir une belle mousse homogène.
- Lorsque la réduction de 120 ml (4 oz) est obtenue, couper le feu.
- Au dernier bouillon, verser dans la casserole d'un seul coup, les oeufs battus en mousse. Fouetter énergiquement pendant 30 secondes. Le sabayon, comme par magie, va tripler de volume.
- Saler, poivrer. Napper les demi-darnes et servir sans attendre.

Note: L'infusion d'herbe peut se faire à l'oseille, au basilic ou au fenouil. Laissez votre imagination travailler avec toutes les herbes du jardin.

Turbans de plie
aux pinces de crabe

La plie, que l'on retrouve sur le marché sous le nom de sole grise, se capture facilement sur tous les quais d'eau salée. Du port de Saint-Malo où j'ai capturé mes premières aux quais de la Gaspésie, j'ai toujours employé les mêmes modes de cuisson. En friture pour les petites, en filets pour les moyennes, les grosses pochées entières comme le turbot.

Pour 4 personnes
Préparation: 45 min
Cuisson: 10 à 12 min

Ingrédients

3 belles plies
16 pinces de crabe des neiges (à demi-décortiquées)
2 c. à soupe (2 c. à table) de julienne de carotte
2 c. à soupe (2 c. à table) de julienne de vert de poireau
2 échalotes séchées hachées
720 ml (3 tasses) d'eau
120 ml (4 oz) de vin blanc sec
2 branches de persil
3 c. à soupe (3 c. à table) de beurre
3 c. à soupe (3 c. à table) de beurre manié
90 g (3 oz) de crème à 35 p. 100
Sel et poivre au goût

Mise en place

• Lever les filets des plies, retirer les peaux noires et blanches, réserver têtes et arêtes pour le fumet.

- Laver, assécher, rouler chaque filet sur lui-même pour obtenir un turban, réserver dans une assiette sous un linge humide.
- Hacher les échalotes.
- Tailler en fine julienne et séparément le vert de poireau et le rouge de carotte. Réserver.

Fumet de poisson

- Hacher grossièrement les arêtes.
- Dans une casserole, faire fondre 2 c. à soupe (2 c. à table) de beurre.
- Suer 3 à 4 minutes Th 4 sans colorer les échalotes.
- Ajouter les arêtes, les têtes et 2 branches de persil. Faire revenir à blanc 5 minutes sans faire prendre couleur Th 3.
- Mouiller avec 120 ml (4 oz) de vin blanc et 720 ml (3 tasses) d'eau. Saler.
- Porter à ébullition Th 8. Réduire à découvert pour obtenir 600 ml (20 oz) de fumet. Refroidir.

Cuisson des filets et de la julienne

- Beurrer un plat de cuisson de juste grandeur.
- Y déposer les filets roulés.
- Passer au chinois fin le fumet refroidi. Presser les débris avec une louche pour en exprimer tout le jus.
- Mouiller les filets avec le fumet pour les recouvrir.
- Faire prendre ébullition Th 8, réduire immédiatement le feu Th 3 à 4 pour obtenir un léger frémissement, pocher à couvert 10 à 12 minutes.
- 2 minutes avant la fin de la cuisson, adjoindre aux filets les pinces de crabe (sur le marché elles sont mises en vente cuites et à demi-décortiquées). Cette opération a pour but de les chauffer.
- Pendant la cuisson des filets, blanchir séparément les

deux juliennes à l'eau salée environ 2 minutes. Rafraîchir, égoutter.

Sauce

- Retirer de la cuisson les pinces et les turbans. Réserver au chaud dans un peu de fumet et à couvert.
- Porter à ébullition Th 8, 480 ml (16 oz) de fumet. Rédui-re de 90 à 120 ml (3 à 4 oz).
- Lier la sauce en incorporant au fouet 3 c. à soupe (3 c. à table) de beurre manié par petites quantités.
- Une fois liée, cuire 3 minutes à très petits bouillons Th 3.
- Ajouter la crème, rectifier l'assaisonnement. Ne plus laisser bouillir.
- Passer la sauce à l'étamine.

Présentation

Dans 4 grandes assiettes chaudes, dresser en éventail en faisant alterner 3 turbans et 4 pinces. Napper avec
la sauce. Éparpiller la julienne rouge sur les pinces et la
julienne de poireau sur les filets. Servir.

La ouananiche

Salmo Salar ouananiche est un saumon, non une truite comme bien des pêcheurs ont tendance à l'identifier. À l'origine, cette superbe bête aurait été un saumon resté captif des mouvements géologiques de l'époque glaciaire. Les grands sujets sont assez rares. Même si dernièrement des records ont été établis (lac Tremblant), la ouananiche n'est pas un gros poisson, probablement à la suite d'une nourriture moins abondante que dans l'océan. La région du lac Saint-Jean reste la terre de prédilection des pêcheurs de ce salmonidé.

Actuellement, les populations de ouananiches indigènes baissent considérablement. Il existe d'ailleurs un mouvement de sauvegarde. Est-ce dû à l'augmentation constante de la pression de pêche ou la pollution des eaux, toujours est-il qu'un déclin significatif est observé.

Je ne suis pas un adepte de la pêche à la ouananiche. Les quelques spécimens que j'ai capturés le furent toujours à l'ouverture sur le lac Memphrémagog. Ils n'étaient pas bien gros, jamais plus de 1 kg (2 lb). Je les ai traités en cuisine exactement comme du saumon. (Suivre les recettes décrites aux pages 125 à 140.)

La chair de la ouananiche est d'une grande finesse. Au lac Saint-Jean, la ouananiche de belle grosseur se cuit farcie au four à raison de 20 minutes pour un poisson de 1 kg (2 lb).

Le saumon

Salmo Salar, chef incontesté de la famille des salmonidés, est un grand voyageur anadrome. Ses pérégrinations en eau salée lui permettent une quête de nourriture abondante, et serait selon les biologistes le seul but de son séjour dans l'Atlantique. Doué d'un instinct migrateur extraordinaire, il possède en mémoire les odeurs de sa rivière natale.

Lorsqu'il remonte en eau douce, le saumon ne s'alimente plus. Il vit sur ses réserves de graisse accumulées pendant son long séjour dans l'océan. Il poursuit un but impérieux, la survie de la race.

Les saumons qui pénètrent dans les rivières sont de magnifiques bêtes argent. Ils peuvent d'un bond franchir des barrages de 2 à 3 mètres de haut pour rejoindre les eaux vives et limpides des frayères.

C'est en Scandinavie, en Écosse et au Canada que le saumon se pêche en plus grande quantité. La dernière étape du voyage est la cuisine où nous lui rendons tous les égards dus à son rang.

Le saumon pourrait à lui seul être le sujet de tout un livre de recettes. J'ai eu la chance de vivre un mois sur une pourvoirie d'Anticosti en juillet 1984. Le saumon cette année-là était particulièrement abondant dans la rivière; c'est là que j'ai appris à l'aimer, à le respecter. Après ce séjour, plus rien ne fut pareil entre lui et moi.

Tarte chaude de saumon aux épinards

Recette de Nicole Fugère Hugueney.

Pour 4 personnes
Préparation: 45 min
Cuisson: 35 min

Ingrédients

500 g (1 lb) de saumon frais (partie de la queue)
2 oignons moyens
20 feuilles d'épinards
1 tasse de fromage gruyère râpé
3 oeufs
300 ml (1 1/4 tasse) de crème à 35 p. 100 ou de lait
180 à 240 g (6 à 8 oz) de pâte brisée (pour un
**   moule de 23 cm (9 po)**
2 c. à soupe (2 c. à table) de beurre
1 1/2 litre (6 tasses) de court-bouillon
Sel et poivre au goût

Mise en place

- Préparer le court-bouillon en suivant la recette décrite à la page 281.
- Tronçonner un morceau de queue de saumon (ou truite grise) en tranches de 3 à 4 cm (1 1/4 à 1 1/2 po).
- Faire frémir le court-bouillon Th 3-4. Y plonger les morceaux de poisson. Pocher à couvert 7 à 8 minutes en maintenant une ébullition légère et constante.
- Après cuisson, retirer les morceaux de saumon, laisser refroidir. Débarrasser la chair des arêtes et de toute trace de peau.

- Émietter en gros flocons. Réserver dans une assiette. Pendant la cuisson du saumon, faire blanchir les épinards et suer les oignons.
- Porter à ébullition une casserole d'eau salée. Y plonger rapidement pour les blanchir, les feuilles d'épinards équeutées.
- Rafraîchir et égoutter. Disposer, pour les sécher, les feuilles à plat sur un linge sec.
- Peler les oignons, les émincer.
- Dans une sauteuse ou une poêle, faire fondre le beurre.
- Faire tomber l'oignon émincé dans le beurre blond. Laisser suer sans trop colorer, environ 12 minutes Th 4-5.
- Après cuisson, mettre dans une passoire pour égoutter le gras.

Préparation

Pour la pâte brisée, suivre la recette décrite à la page 304.

- Étendre au rouleau la pâte brisée.
- Foncer un moule à tarte de 23 cm (9 po) de diamètre. Piquer le fond à l'aide d'une fourchette.
- Chemiser le fond et les bords avec une dizaine de feuilles d'épinards blanchies.
- Ciseler le reste en grosse julienne.
- Dans un bol à mélanger, fouetter la crème à 35 p. 100 et les oeufs. Saler, poivrer.
- Garnir la tarte comme suit:
  Étendre à la fourchette, au fond du moule, les oignons égouttés. Ajouter la julienne d'épinards, la chair de saumon et le fromage râpé.
- Verser dessus les oeufs et la crème. Cuire 35 minutes au four préalablement chauffé à 170°C (300°F).

Canapés chauds de saumon fumé au fromage de chèvre

Cette recette est à servir à une bande d'amis venus parler chasse et pêche. Tous les chèvres peuvent être utilisés. De préférence, employer un chèvre à pâte molle. Natif de Valençay, je ne pouvais faire ce livre sans un produit de lait de chèvre. Poème à l'odeur de pain grillé, de chèvre chaud et de saumon fumé, personne ne peut y résister. Cette recette peut aussi être réalisée avec de la truite fumée.

Pour 8 personnes
Préparation: 20 min
Cuisson: quelques minutes

Ingrédients

500 g (1 lb) de saumon fumé
16 tranches de pain croûté
80 g (1/3 tasse) de beurre en pommade
350 g (12 oz) de fromage de chèvre à pâte molle
Poivre du moulin

Mise en place

- Couper 16 tranches de 1 1/2 cm (3/4 po) d'épaisseur dans un pain croûté de boulangerie. La surface d'une tranche doit être approximativement de 12 X 8 cm (5 X 3 po).
- Couper le filet de saumon en minces tranches. Pour faciliter la coupe, incliner votre couteau et couper en biais vers la peau.
- Trancher le fromage en fines lamelles.

Préparation

- Aligner les tranches de pain sur une plaque ou une grille. Chauffer le four à *broil* et griller le pain de chaque côté.
- Retirer le pain du four, laisser refroidir.
- Beurrer chaque tranche grillée sur une seule face.
- Étendre sur les tranches de pain 30 g (1 oz) de saumon fumé par toast.
- Déposer les lamelles de fromage sur le saumon.

Cuisson

- Les tranches de pain doivent à nouveau être passées au four très chaud rapidement; il s'agit de ramollir le fromage. Le chauffer sans brûler le pain. Le fromage ne doit pas gratiner.
- En cours de cuisson, à l'aide d'un couteau, étendre uniformément le fromage.
- Finir de chauffer, retirer du four. Poivrer du moulin.

Présentation

Couper les toasts en 4, disposer dans un grand plat sur une serviette blanche. Servir avec un vin de Loire très frais.

Saumon à la mousseline d'herbes du jardin

Il fut un temps où le «saumon hollandaise» était le grand plat des mariages et communions. Il fallait le pocher entier, la recette était fastidieuse, pas à la portée de toutes les ménagères. Avec la cuisine évolutive, tout devient simple et facile à réaliser.

Pour 4 personnes
Préparation: 15 min
Cuisson: 15 sec

Ingrédients

740 g (28 oz) de saumon en filets
250 g (8 oz) de beurre non salé
120 g (4 oz) de crème à 35 p. 100
3 jaunes d'oeufs
37 ml (1 1/4 oz) de vin blanc sec ou d'eau
4 c. à soupe (4 c. à table) d'huile
1/2 c. à café (1/2 c. à thé) de cerfeuil haché
1/2 c. à café (1/2 c. à thé) d'oseille hachée
1/2 c. à café (1/2 c. à thé) de ciboulette hachée
1/2 c. à café (1/2 c. à thé) de persil haché
1/2 c. à café (1/2 c. à thé) d'estragon
1 citron
Sel et poivre au goût

Mise en place

- Pour préparer les escalopes de saumon, suivre la méthode de travail indiquée dans la recette de saumon de la rivière Chaloupe (page 134).
- Inutile de réserver les débris de poisson, ils ne sont pas

131

employés pour la sauce. Vous pouvez toujours préparer un fumet en suivant la recette décrite à la page 285 et le congeler.

- Presser le citron pour en obtenir le jus sans pépins. Réserver.
- Hacher les herbes de jardin.
- Mettre les herbes hachées dans une passoire très fine.
- Remplir une casserole d'eau, porter à ébullition. Réduire le feu pour obtenir un frémissement.
- Plonger la passoire dans l'eau bouillante en prenant soin de ne pas renverser les herbes. Pocher 30 secondes. Laisser refroidir et égoutter.

Sauce

- Dans un bol à mélanger, verser la crème à 35 p. 100, monter à l'aide d'un fouet en crème chantilly. Saler, poivrer, réserver.
- Préparer une casserole d'eau chaude pour faire un bain-marie. Porter à ébullition lente Th 5-6.
- Faire fondre le beurre à part.
- Dans un cul-de-poule ou une casserole, verser 37 ml (1 1/4 oz) de vin blanc et 3 jaunes d'oeufs. Mélanger au fouet environ 2 minutes.
- Réduire la chaleur sous le bain-marie au minimum. Il ne doit plus y avoir ébullition. Y déposer le cul-de-poule.
- Monter les oeufs environ 4 minutes en fouettant régulièrement pour obtenir une émulsion homogène.
- Incorporer le beurre fondu chaud en un mince filet, toujours en fouettant régulièrement.
- Ne pas verser les dépôts de fond dans la sauce. Saler, poivrer, ajouter le jus de citron, les herbes et la crème fouettée.
- Mélanger le tout pour obtenir une mousseline légère.

Garder la sauce au chaud dans le bain-marie, juste le temps de cuire les escalopes.

Cuisson du saumon

Suivre le mode de cuisson indiqué dans la recette des escalopes de saumon de la rivière Chaloupe (page 134), en prenant soin d'éponger le gras de cuisson de la même manière.

Présentation

Déposer les papillons sur de grandes assiettes chaudes, répartir la sauce sur les escalopes et servir sans attendre.

Escalopes de saumon de la rivière Chaloupe

Sur les berges de la rivière Chaloupe croît la ciboulette sauvage. Elle pousse entre les pierres sur le bord des fosses. À Montréal, j'avais l'habitude de faire cuire mes escalopes de saumon à l'oseille suivant la fameuse recette des frères Troisgros.

Le climat d'Anticosti ne se prêtant pas à la culture de l'oseille et le vin de Sancerre n'étant pas disponible à Port Meunier, j'ai donc composé cette recette de saumon de la rivière Chaloupe avec ce que j'avais sous la main.

Pour 4 personnes
Préparation: 35 min
Cuisson: 50 sec

Ingrédients

740 g (28 oz) de saumon en filets
420 g (14 oz) de crème à 35 p. 100
180 ml (6 oz) de vin blanc sec
360 ml (12 oz) de fumet de poisson
1 c. à soupe (1 c. à table) d'échalotes séchées hachées
2 c. à soupe (2 c. à table) de ciboulette ciselée
4 c. à soupe (4 c. à table) d'huile
2 c. à soupe (2 c. à table) de beurre
Sel et poivre au goût

Mise en place

- Lever les filets d'un saumon frais. Un seul sera utile pour la recette. Réserver la tête et les arêtes pour le fumet.

- Étendre le filet sur la table de travail. En plein centre, tailler 4 morceaux de 10 cm (4 po), réserver au frais.
- Se servir des parties restantes pour une salade ou encore un feuilleté de saumon.
- Préparer un fumet de poisson avec la tête, la queue et les arêtes en suivant la recette décrite à la page 285. Réduire fortement pour obtenir 300 ml (10 oz) de fumet. Passer au chinois fin.
- Hacher les échalotes, réserver.
- Ciseler la ciboulette, réserver.
- Dans une casserole, faire fondre le beurre Th 7. Faire revenir 2 minutes sans colorer les échalotes.
- Mouiller avec le vin blanc et le fumet de poisson.
- Faire prendre ébullition Th 9. Conduire la cuisson à découvert pour obtenir une réduction de 90 ml (3 oz). Pendant la réduction, préparer les escalopes de saumon.
- À l'aide d'un couteau à filets, séparer en deux chaque morceau de saumon en commençant par le côté le plus épais. Ne pas séparer complètement. Arrêter l'incision à 1 cm (1/2 po) du bord. Ouvrir pour obtenir un papillon.
- Aplatir doucement avec un gros couteau pour obtenir 4 belles escalopes.

Sauce

- Dans la casserole où a réduit le fumet, verser la crème à 35 p. 100.
- Faire prendre ébullition Th 8. Baisser le feu. Cuire doucement à petits bouillons Th 3-4.
- Lorsque la sauce commence à épaissir, ajouter la ciboulette hachée. Cuire 2 à 3 minutes pas plus. Retirer du feu.
- Incorporer le beurre. Saler, poivrer.

Cuisson des escalopes

- Dans une poêle, faire chauffer Th 9, 4 c. à soupe (4 c. à table) d'huile.
- Lorsque l'huile est chaude, déposer dans la poêle les escalopes de saumon non farinées, non assaisonnées.
- La cuisson est très rapide, 20 secondes de chaque côté.
- Éponger les escalopes à chaud pour en retirer le gras de cuisson. Saler légèrement.

Présentation

Dans chaque assiette, verser 60 ml (2 oz) de sauce. Y déposer délicatement les escalopes de saumon. Mettre le reste de la sauce dans une saucière et servir.

Feuilleté de saumon des guides au poivre rose

Anticosti, c'était le paradis. Mais il me fallait bien rentrer à Montréal, reprendre la direction des cuisines qui me permettent de gagner ma vie. Pour mon départ, les constructeurs de la pourvoirie, ces guides de chasse et de pêche durs et fiers, avaient concocté habilement une recette de saumon à l'orange. J'étais ému par tant de gentillesse de la part de gars qui distribuent leur amitié avec parcimonie. Pour le dernier soir, ils m'invitaient à leur table pour discuter une dernière fois de la rivière et de la forêt. De retour en ville, c'est en pensant à vous les gars, bâtisseurs du cerf-sau que j'ai créé cette recette.

Pour 4 personnes
Préparation: 35 min
Cuisson: Poisson: 50 sec
Feuilletage: 15 min

Ingrédients

500 g (16 oz) de pâte feuilletée
720 g (24 oz) de saumon en filet
16 petites asperges fraîches
120 ml (4 oz) de vin blanc
1 c. à café (1 c. à thé) d'échalotes séchées hachées
16 grains de poivre rose
400 g (14 oz) de crème à 35 p. 100
1 jaune d'oeuf
3 c. à soupe (3 c. à table) de beurre
4 c. à soupe (4 c. à table) d'huile
Sel et poivre au goût

137

Mise en place

- Pour cette recette, vous servir des morceaux de filets non utilisés dans la recette d'escalopes de saumon de la rivière Chaloupe (page 134) ou de saumon à la mousseline d'herbes du jardin (page 131).
- Prendre le filet de saumon côté tête ou côté queue, l'étendre sur la table de travail, le couper en morceaux de 10 cm (4 po) de large. Dédoubler, à l'aide d'un couteau à filets, les morceaux de saumon. Retirer les arêtes. Réserver au froid.
- Hacher les échalotes.

Cuisson des asperges

- Faire bouillir dans une grande casserole environ 2 litres (8 tasses) d'eau salée.
- Couper les queues des asperges, les éplucher, les laver, ficeler en bottes. Les plonger dans l'eau bouillante. Cuire 12 à 15 minutes Th 8 sans couvercle.
- Après cuisson, égoutter immédiatement les asperges, les conserver tièdes.

Cuisson du feuilletage

- La pâte feuilletée est une recette longue et fastidieuse. Je vous conseille donc d'acheter 500 g (16 oz) de pâte feuilletée dans le commerce.
- Chauffer le four à environ 195 °C (380 °F).
- Étendre au rouleau votre abaisse de pâte feuilletée pour obtenir une couche uniforme d'environ 1 mm (2/16 à 3/16 po) d'épaisseur.
- Découper dans la pâte 4 rectangles de 10 X 15 cm (4 X 6 po), chaque rectangle devant peser entre 75 et 100 g (2 1/2 et 3 oz). Inutile de garder les rognures de pâte.
- Laisser reposer sur le coin de la table une quinzaine de

minutes puis étendre sur une plaque à pâtisserie beur-rée.

- Battre le jaune d'oeuf avec une fourchette. Badigeon-ner à l'aide d'un pinceau les rectangles de pâte avec le jaune d'oeuf en prenant soin de ne pas faire couler sur la plaque, ce qui aurait pour effet à la cuisson d'em-pêcher le feuilletage de monter uniformément.
- Mettre au four chaud, cuire environ 15 minutes. Pen-dant la cuisson des asperges et du feuilletage, préparer la sauce et cuire le saumon.

Sauce

- Dans une casserole, verser 120 ml (4 oz) de vin blanc, ajouter l'échalote hachée et le poivre rose écrasé.
- Faire prendre ébullition Th 8, réduire presque à sec, verser la crème à 35 p. 100. Conduire la cuisson 5 mi-nutes Th 5 pour obtenir un épaississement léger de la crème.
- Ne plus faire bouillir, incorporer le beurre en tournant, saler, poivrer, réserver au chaud.

Cuisson du saumon

Suivre le mode de cuisson indiqué dans la recette des escalopes de saumon de la rivière Chaloupe (page 134) en prenant soin d'éponger le gras de la même façon.

Mise en place finale

- Retirer les rectangles dorés du four. Laisser tiédir 5 mi-nutes, puis à l'aide d'un couteau à pain, détacher le sommet pour obtenir un couvercle de coffret.
- Retirer une partie du feuilletage intérieur de la base sans abîmer le fond ni les parois.
- Prendre les asperges encore chaudes bien essorées. Couper les pointes pour obtenir une petite asperge de

7 cm (3 po). Couper ensuite les tiges de façon à obtenir 24 petits bouts de 2 cm (1 po) chacun.

- À l'aide d'une fourchette, effeuiller les escalopes de saumon chaud.

Présentation

Au centre de grandes assiettes chaudes, déposer quelques cuillerées de sauce. Poser dessus les coffrets vides de pâte feuilletée. À l'intérieur de chaque coffret, déposer 6 tronçons d'asperge. Garnir avec le saumon effeuillé. Ce n'est pas grave si le saumon déborde dans la sauce de l'assiette. Déposer sur chaque coffret 4 pointes d'asperge dirigées du même côté, la tête dépassant largement. Diviser la sauce en 4 et la répartir dans les coffrets. Mettre le couvercle et servir sans attendre devant les convives ravis et surpris.

Truite de mer en meurette

La meurette est à la Bourgogne ce que la bouillabaisse est à la Côte méditerranéenne. La véritable meurette se fait avec du vin rouge, de la truite et du brochet. Cuisinier dans une pourvoirie d'Anticosti, j'avais en ma possession de superbes truites de mer et du vin blanc. J'ai essayé le mariage, fait goûter, le résultat fut satisfaisant. Voici donc la recette des truites de mer en meurette de la rivière Chaloupe. Vous pouvez très bien adapter cette recette avec des truites de lac.

Pour 4 personnes
Préparation: 15 min
Cuisson: 20 min

Ingrédients

2 ou 3 belles truites de mer (240 à 300 g (8 à 10 oz) par convive)
1 litre (4 tasses) de vin blanc sec
45 ml (1 1/2 oz) de brandy ou de cognac
1 oignon moyen
1 bouquet garni (3-4 branches de persil, 1 feuille de laurier, 1 branche de thym)
4 c. à soupe (4 c. à table) de beurre manié
1 c. à soupe (1 c. à table) de beurre
Sel et poivre au goût

Mise en place

- Nettoyer les truites, parer, couper les têtes, les laver soigneusement en prenant soin de retirer le sang le long de la colonne vertébrale.

141

- Couper chaque truite en tronçons de 10 cm (4 po).
- Peler l'oignon, le couper en deux.
- Faire le bouquet garni.

Cuisson

- Dans une cocotte en fonte, verser le vin blanc, le brandy, les morceaux de poisson, l'oignon, le bouquet garni, saler et poivrer.
- Porter à ébullition Th maximum, réduire le feu Th 6.
- Couvrir, pocher 20 minutes dans un frémissement léger.
- Après cuisson, retirer un à un les tronçons de truite. Laisser tiédir dans une assiette.
- Retirer le bouquet garni et l'oignon.

Sauce

- Faire prendre ébullition au fond de cuisson Th 8.
- Réduire pour obtenir 480 ml (16 oz) de vin cuit.
- Lier en incorporant au fouet 4 c. à soupe (4 c. à table) de beurre manié, remuer vigoureusement pour faire disparaître toute trace de grumeau.
- Une fois liée, la sauce doit cuire quelques minutes à faibles bouillons Th 3.
- Retirer du feu, ajouter le beurre pour lustrer la sauce. Vous ne devez pas fouetter mais imprimer un mouvement rotatif à la casserole.

Présentation

Il y a deux façons de servir ce plat.
- Ne pas laisser tiédir les morceaux de truite. Les garder au chaud dans un plat de service chaud, recouvrir de sauce et servir.
- Lorsque les truites peuvent être manipulées sans se brûler, séparer chaque tronçon en deux. Délicatement, retirer les arêtes. Garder la peau. Déposer les mor-

ceaux parés dans des assiettes chaudes. Napper de 90 à 120 ml (3 à 4 oz) de sauce brûlante et servir.

Il est de mise d'accompagner ce plat de croûtons à l'ail. Ce n'est pas une obligation.

Truite de mer farcie au crabe

Cette recette est née sur la Côte Nord. Depuis trois jours, j'essayais en vain de capturer un saumon sur la rivière Trinité. Devant ma déconfiture, un gardien de la réserve me conseilla de terminer mon séjour à la truite. Je le fis avec succès. Il y avait, non loin, l'usine où l'on traite le crabe. De la rivière à l'usine, l'idée germa. Voici la truite au crabe de baie Trinité.

Pour 4 personnes
Préparation: 1 h
Cuisson: 20 min

Ingrédients

4 truites de 18 à 20 cm (7 à 8 po) (à farcir)
2 truites de 13 à 15 cm (5 à 6 po) (pour la farce)
500 g (1 lb) de pattes de crabe non décortiquées
2 à 3 branches de persil
2 échalotes séchées
1 oeuf
60 g (2 oz) de crème à 35 p. 100
180 ml (6 oz) de vin blanc sec
500 ml (2 tasses) d'eau
3 c. à soupe (3 c. à table) de beurre
3 c. à soupe (3 c. à table) de beurre manié
Sel et poivre au goût

Mise en place

- Couper les nageoires de 4 belles truites. Vider par les branchies sans fendre l'abdomen.
- À l'aide d'un couteau à filets, pratiquer une incision sur

144

le dos, de la base de la tête à la queue sans les séparer du corps.

- Retirer délicatement la colonne vertébrale. Réserver les arêtes.
- Laver les truites, sécher dans un linge.
- Vider les deux autres truites, lever les filets, retirer la peau. Réserver les chairs pour la farce, les arêtes pour le fumet.
- Décortiquer les pattes de crabe déjà cuites par les pêcheurs. Réserver la chair pour la farce, la carapace pour le fumet.
- Hacher très fin les échalotes; 1 c. à café (1 c. à thé) servira pour la farce, le reste pour le fumet.

Farce

- Passer deux fois au hache-viande, grille fine, crabe, chair de truite, échalote et une branche de persil.
- Dans un saladier froid, bien mélanger le hachis, saler et poivrer.
- Ajouter 1 oeuf entier et la crème à 35 p. 100. Mélanger à nouveau, rectifier l'assaisonnement.
- Saler et poivrer les truites, intérieur et extérieur. Diviser la farce en 4 et garnir les poissons.

Cuisson et sauce

- Dans un plat allant au four de juste grandeur, aligner les truites en les posant sur le ventre sans les faire se toucher.
- Déposer sur chacune une petite noix de beurre.
- Mettre au four préalablement chauffé à 160°C (325°F), cuire de 20 à 25 minutes.
- À mi-cuisson, arroser les truites avec 90 ml (3 oz) de vin blanc. Pendant la cuisson des poissons, préparer le fumet.
- Hacher grossièrement arêtes et carapace.

- Dans une casserole, faire fondre 1 c. à soupe (1 c. à table) de beurre.
- Faire suer quelques minutes les échalotes hachées Th 3-4.
- Ajouter arêtes, carapace et 2 branches de persil. Faire revenir à blanc sans colorer environ 5 minutes Th 3-4.
- Mouiller avec le reste du vin blanc et 500 ml (2 tasses) d'eau. Saler et poivrer.
- Porter à ébullition Th maximum. Baisser le feu Th 7 à 8. Réduire pour obtenir 360 ml (12 oz) de fumet.
- Passer le fumet au chinois fin. Presser les débris avec une louche pour en exprimer tout le jus.
- Lier la sauce en incorporant au fouet 3 c. à soupe (3 c. à table) de beurre manié par petites quantités.
- Une fois liée, laisser cuire la sauce quelques minutes à très petits bouillons Th 3.

Présentation

Verser au centre de grandes assiettes chaudes 90 ml (3 oz) de sauce. Déposer sur la sauce les truites au sortir du four et servir.

Écrevisses à la nage

Il est rare de manger des écrevisses à la table d'un pêcheur. Généralement, ce crustacé est employé vivant comme appât pour la pêche de l'achigan. C'est en pratiquant ce genre de pêche qu'est née la recette des filets d'achigan aux écrevisses (page 23). Pour capturer mes écrevisses, je fabrique des fagots très fournis, dépourvus de feuillage. Au centre de la brassée, comme appât, je camoufle des restes de cuisine, des entrailles de poisson ou de poulet. Je leste le piège d'une grosse pierre et le balance à l'eau, retenu à la rive par une corde. Deux fois par jour, je fais la tournée de huit à dix fagots et je récolte les écrevisses à la douzaine. Toutes les levées ne sont pas productives, mais parfois c'est le délire. Cuire les écrevisses à la nage, servies chaudes ou froides, c'est en retrouver le goût simple sans artifice. Froides, je les accompagne d'une mayonnaise ou d'un beurre blanc.

Pour 4 personnes
Préparation: 15 min
Cuisson: 23 min

Ingrédients

80 écrevisses de rivière (plus petites que les écrevisses de lac) ou 60 écrevisses de lac
2 litres (2 pintes) d'eau
180 ml (6 oz) de vin blanc
2 carottes moyennes
2 oignons moyens
3 échalotes séchées
1 bouquet garni (4 branches de persil, 1 branche de thym, 1 feuille de laurier)

16 grains de poivre noir
4 rondelles de citron de 3 mm (1/8 po)
Sel au goût

Mise en place

- Éplucher carottes, oignons et échalotes séchées.
- Émincer finement tous les légumes.
- Trancher le citron.
- Faire le bouquet garni.

Nage (court-bouillon)

- Dans un pot-au-feu, verser l'eau. Ajouter les légumes, le bouquet garni, les rondelles de citron, le poivre en grains, puis le sel.
- Faire prendre ébullition Th maximum. Réduire le feu Th 3-4, cuire 20 minutes sans couvrir.

Cuisson des écrevisses

Si les écrevisses sont servies chaudes, c'est le but de la recette, il est préférable de les châtrer avant cuisson. Pour retirer le boyau noir, il suffit de tirer en tournant entre le pouce et l'index la partie centrale de la queue.

- Après cuisson du court-bouillon, retirer le bouquet garni.
- Ajouter le vin blanc. Pousser le thermostat au maximum.
- Plonger toutes les écrevisses vivantes dans la nage en ébullition.
- Attendre les premiers bouillons. Compter 4 à 6 minutes pour la cuisson suivant si elles sont de rivière ou de lac.

Présentation

Servies chaudes, les écrevisses sont présentées en soupière dans la cuisson, accompagnées de la sauce choisie. Froides, les écrevisses égouttées seront présentées en buisson avec garniture de persil frisé et mayonnaise.

Ragoût de petits crustacés au parfum d'estragon

J'avais, il n'y a pas si longtemps, un directeur de restaurant qui n'aimait pas le mot ragoût. Pas assez noble qu'il disait! Pourtant, cuire un ragoût c'est mijoter légumes, viandes ou poissons dans une sauce épicée. Cuire les écrevisses en ragoût c'est plein de charmes et quel plaisir de se lécher les doigts recouverts de sauce!

Pour 4 personnes
Préparation: 35 min
Cuisson: 5 à 6 min

Ingrédients

80 écrevisses de rivière ou 60 écrevisses de lac
1 bouteille de vin blanc sec de 750 ml (26 oz)
30 ml (1 oz) de marc ou de brandy
160 ml (2/3 tasse) de carottes en brunoise
80 ml (1/3 tasse) de céleri en brunoise
3 échalotes séchées hachées
1 bouquet garni (6 feuilles de persil, 1 branche de thym, 1 feuille de laurier)
2 gousses d'ail hachées
1 c. à soupe (1 c. à table) d'estragon frais haché
2 c. à soupe (2 c. à table) de concentré de tomate
3 c. à soupe (3 c. à table) de beurre manié
1 c. à soupe (1 c. à table) de beurre
3 c. à soupe (3 c. à table) d'huile
Sel et poivre au goût

Mise en place

- Châtrer les écrevisses tel qu'indiqué dans la recette des écrevisses à la nage (page 147).
- Préparer le bouquet garni.
- Hacher très fin et séparément ail et échalotes séchées. Réserver dans une petite assiette.
- Tailler en fine brunoise céleri et carottes épluchées et lavées. Réserver ensemble dans un bol.

Cuisson des écrevisses

- Dans une sauteuse, faire chauffer Th maximum 3 c. à soupe (3 c. à table) d'huile.
- Lorsqu'elle fume, y jeter les écrevisses vivantes. Les colorer en remuant constamment.
- Ajouter les échalotes hachées et la brunoise de légumes. Faire revenir à feu vif pendant environ 2 minutes.
- Verser le marc ou le brandy. Flamber.
- Poser un couvercle sur la sauteuse. Le maintenir fermement et basculer la sauteuse au-dessus d'une assiette pour faire couler le gras de cuisson.
- Remettre la sauteuse sur le feu, retirer le couvercle. Ajouter l'ail en remuant pendant environ 20 secondes.
- Adjoindre le concentré de tomate et le bouquet garni.
- Mouiller avec le vin blanc. Saler, poivrer.
- Faire prendre ébullition Th 9, réduire le feu Th 6-7, cuire à couvert pendant environ 5-6 minutes.

Sauce

- Retirer le bouquet garni, puis les écrevisses une à une, laissant la brunoise dans le fond de cuisson. Réserver les crustacés au chaud.
- Porter à ébullition Th 9. Réduire à découvert pour obtenir un volume de 480 ml (16 oz).
- Après réduction, passer le fond au mélangeur électri-

que. La liquéfaction des légumes entraînera un début de liaison.

- Remettre dans la casserole.
- Faire prendre ébullition Th 7-8. Terminer la liaison, en incorporant le beurre manié par petites quantités. S'il y a présence de grumeaux, passer la sauce à l'étamine.
- Ajouter l'estragon haché, couvrir. Faire infuser pendant 4-5 minutes à très faible bouillon pour ne pas trop épaissir la sauce.
- Après infusion, incorporer 1 c. à soupe (1 c. à table) de beurre à la sauce pour l'affiner et la lustrer.

Présentation

Répartir les écrevisses dans 4 assiettes creuses. Verser dans chaque assiette 125 ml (4 oz) de sauce. Fournir à chaque convive un rince-doigts acidulé.

Crème de grenouille au persil

Lorsqu'il faisait juillet, le marais du lac Rouge était plein de vie. À cette époque de l'année, je n'y rencontrais pas grand monde, hormis des couvées de canards que j'épiais en prévision de la chasse future. Sur les berges, des grands hérons et deux ou trois butors pêchaient. Sur l'eau calme, au milieu des joncs et des hardes de moustiques, j'étais roi et maître. Le but de ma quête, c'était la grenouille. Invariablement, ce batracien finissait à la poêle, cuit au beurre à l'ail. Voici une variante agréable.

Pour 4 personnes
Préparation: 20 min
Cuisson: 20 min

Ingrédients

180 g (6 oz) de chair de grenouille
60 g (2 oz) de blanc de poireau
120 g (4 oz) de pommes de terre
2 branches de persil
2 c. à soupe (2 c. à table) de beurre
125 g (4 oz) de crème à 35 p. 100
12 feuilles de cresson (facultatif)
810 ml (3 1/4 tasse) d'eau
Sel et poivre blanc au goût

Mise en place

- Lever les cuisses de grenouille.
- Retirer la peau et désosser les cuisses. Réserver la chair dans une assiette creuse.

- Éplucher et laver un petit poireau, ne garder que le blanc pour obtenir 60 g (2 oz).
- Ciseler le blanc de poireau et réserver.
- Couper en petits cubes, 120 g (4 oz) de pommes de terre.

Préparation

- Dans une casserole, faire fondre le beurre.
- En même temps, ajouter chair de grenouille, poireau et pommes de terre.
- Faire suer sans colorer environ 12 minutes à feu doux en remuant avec une cuillère de bois.
- Mouiller avec l'eau, saler, poivrer, ajouter le persil et couvrir.
- Porter à ébullition à Th maximum. Réduire le feu Th 6-7 et cuire lentement à couvert 20 minutes.
- Après cuisson, laisser tiédir hors du feu.
- Passer le potage au mélangeur électrique pour le liquéfier et obtenir un produit homogène.
- Remettre dans la casserole, faire prendre ébullition.
- Ajouter la crème à 35 p. 100 en fouettant, retirer du feu. Ne plus laisser bouillir.

Présentation

Répartir la crème dans 4 assiettes creuses, environ 250 ml (1 tasse) par convive. Garnir le centre de chaque assiette en y disposant 3 feuilles de cresson en forme de trèfle.

Cuisses de grenouille à la crème de ciboulette

La chair des cuisses de grenouille est facilement corruptible. Il faut, dès le retour de la pêche, préparer les batraciens pour la conservation ou la cuisson. La chair blanche et fade demande pour en rehausser le goût une préparation bien relevée.

Pour 4 personnes
Préparation: 25 min
Cuisson des grenouilles: 4 à 6 min

Ingrédients

48 cuisses de grenouille
4 c. à soupe (4 c. à table) de beurre
2 c. à soupe (2 c. à table) d'huile
3 c. à soupe (3 c. à table) de beurre manié
1 c. à soupe (1 c. à table) d'échalotes séchées
   hachées
2 c. à soupe (2 c. à table) de ciboulette hachée
1 branche de thym frais
1 feuille de laurier
180 ml (6 oz) de vin blanc
350 ml (12 oz) de fumet de poisson ou de bouillon
   de poulet en cubes
125 g (4 oz) de crème à 35 p. 100
2 jaunes d'oeufs
60 g (2 oz) de farine
Sel et poivre au goût

Mise en place

• Au retour de la quête, préparer sans attendre les cuisses de grenouille.

- Séparer avec un gros couteau les cuisses du tronc. Retirer la peau. Séparer les cuisses en deux. Couper les doigts.
- Laver, assécher les cuisses. Réserver dans un plat creux au frais sous un linge humide.
- Hacher séparément échalotes et ciboulette.
- Faire le beurre manié et le fumet de poisson en suivant la recette décrite à la page 285.

Sauce

Avant de cuire les cuisses de grenouille, préparer la sauce.
- Dans une casserole, faire fondre 2 c. à soupe (2 c. à table) de beurre. Y faire suer à blanc Th 4-5, 1 c. à soupe (1 c. à table) d'échalotes hachées.
- Mouiller avec le vin blanc et le fumet de poisson ou le bouillon de poulet.
- Ajouter la branche de thym, la feuille de laurier. Saler, poivrer.
- Faire prendre ébullition Th 9. Conduire la cuisson sans couvercle pour obtenir 300 ml (10 oz) de fond. Retirer le thym et le laurier.
- Délayer 2 jaunes d'oeufs dans 125 g (4 oz) de crème à 35 p. 100. Réserver.
- Lier le fumet en incorporant par petites quantités 3 c. à soupe (3 c. à table) de beurre manié, fouetter vigoureusement pour éliminer les grumeaux.
- Réduire le feu au minimum pour obtenir un léger frémissement Th 3. Cuire pendant 3-4 minutes sans trop épaissir.
- Ajouter à la sauce les jaunes d'oeufs délayés et la ciboulette hachée. Ne pas cesser de fouetter. Donner un bouillon, retirer immédiatement du feu.
- Rectifier l'assaisonnement. Tenir au chaud.

Cuisson des grenouilles

- Saler, poivrer les cuisses, les passer à la farine.
- Dans une sauteuse ou une poêle, faire chauffer 2 c. à soupe (2 c. à table) d'huile et 2 c. à soupe (2 c. à table) de beurre.
- Cuire les cuisses à feu lent sans les colorer Th 6 pendant 5 à 6 minutes suivant la grosseur. Il est important de cuire les cuisses par petites quantités, même si elles ne doivent pas colorer. Elles ne doivent pas bouillir.
- Réserver dans un plat à four chaud, jusqu'à la fin de la cuisson de toutes les cuisses.

Présentation

Éponger à chaud dans un linge toutes les cuisses pour les débarrasser du gras de cuisson. Les répartir dans 4 grandes assiettes creuses chaudes. Verser dans chacune de 120 à 150 ml (4 à 5 oz) de sauce et servir.

Cuisses de grenouille au coulis de tomates et au beurre d'ail

Pour 4 personnes
Préparation: 45 min
Cuisson: Grenouilles: 4 à 6 min
Coulis: 20 min

Ingrédients

48 cuisses de grenouille
600 à 660 g (20 à 22 oz) de tomates bien rouges
et mûres
120 g (4 oz) de beurre d'ail
4 c. à soupe (4 c. à table) de beurre
2 c. à soupe (2 c. à table) d'huile
1 oignon moyen en brunoise
2 gousses d'ail hachées
3 branches de persil hachées
14 feuilles d'estragon frais hachées
1 branche de thym frais
60 g (2 oz) de farine
Sel et poivre au goût

Mise en place

- Faire un beurre à l'ail en suivant la recette décrite à la page 296.
- Au retour de la quête, préparer sans attendre les cuisses de grenouille.
- Séparer avec un gros couteau les cuisses du tronc. Retirer la peau. Séparer les cuisses en deux. Couper les doigts.

- Laver, assécher les cuisses. Réserver dans un plat creux au frais sous un linge humide.
- Hacher l'oignon en brunoise. Réserver à part dans une petite assiette.
- Hacher grossièrement persil, estragon et ail. Réserver dans la même assiette.
- Laver les tomates. À l'aide d'un petit couteau, retirer le pédoncule. Couper en deux, en retirer les pépins.
- Couper les demi-tomates en 3 ou 4 morceaux. Réserver dans une passoire au-dessus de l'évier.
- Travailler à l'aide d'une fourchette le beurre d'ail pour le réduire en pommade fluide.

Coulis de tomates

- Dans une casserole, faire fondre 2 c. à soupe (2 c. à table) de beurre.
- Y faire suer à blanc l'oignon en brunoise pendant environ 3 minutes Th 4-5.
- Ajouter les tomates égouttées, le persil, l'estragon, l'ail haché et la branche de thym frais. Saler, poivrer.
- Faire prendre ébullition Th maximum. Réduire le feu Th 5, conduire la cuisson environ 20 minutes à découvert pour permettre l'évaporation. Le temps de cuisson peut changer suivant la variété des tomates employées.
- Après cuisson, laisser tiédir. Retirer le thym.
- Passer la fondue de tomates au mélangeur électrique pour liquéfier pulpe et herbes et ainsi obtenir un coulis homogène.
- Remettre dans la casserole. Faire prendre ébullition douce Th 3-4. Cuire lentement pour amener le coulis à la consistance voulue.

Cuisson des grenouilles

- Saler, poivrer les cuisses. Les passer à la farine.
- Dans une sauteuse ou une poêle, faire chauffer Th 9,

2 c. à soupe (2 c. à table) d'huile et 2 c. à soupe (2 c. à table) de beurre.

- Cuire les cuisses en les colorant 4 à 6 minutes suivant leur grosseur. Il est important de cuire les cuisses par petites quantités, environ une douzaine à la fois, pour permettre au gras de cuisson de rester brûlant, ce qui facilite la coloration.
- Réserver dans un plat à four chaud, jusqu'à la fin de la cuisson de toutes les cuisses de grenouille.

Sauce

Retirer la casserole de coulis du feu. Y incorporer par petites quantités en fouettant régulièrement le beurre d'ail en pommade. Ne plus faire bouillir.

Présentation

Au centre de grandes assiettes chaudes, déposer quelques cuillerées de coulis. Déposer 12 cuisses sur le coulis en les disposant en forme de rayons d'une roue. Verser le reste du coulis dans une saucière et servir.

Le vin dans la cuisson et le marinage

«À mauvais vin, mauvais civet. À bon vin, bon civet». Ce dicton de souche paysanne prévaut encore de nos jours. Pour obtenir un superbe civet, il faut un vin de bonne qualité. Attention je n'ai pas dit de faire votre marinade avec une bouteille de pommard ou de côte-rôtie. Les vins de qualité supérieure et les grands crus doivent être réservés pour la table.

Le Québec n'est pas un pays producteur de vin, du moins pas encore. Les tentatives faites par des courageux nous donnent espoir. Puisque nous devons nous procurer le vin de cuisson et de marinage à l'épicerie ou à la Société des alcools à prix fort élevé, choisissons donc les moins chers.

Pour revenir à mon dicton, rappelons-nous que le vin de tous les jours, il n'y a pas si longtemps dans les campagnes du centre de la France, était bien souvent une piquette passable. Dans toutes les caves, il existait une réserve de bonnes bouteilles. Du vin bouché «comme ils disaient», par opposition à l'autre, qui était conservé en

160

fût et tiré à la champelure au jour le jour. Le vin bouché, c'était le vin du dimanche, des baptêmes et des grandes occasions. La mort d'un chevreuil ou d'un sanglier en était une. Le paysan sortait de l'ombre et de la poussière la bonne bouteille. Bon vin, bon civet. Le lièvre et le lapin n'avaient pas droit à cet honneur. Mauvais vin, mauvais civet. Un vin ordinaire fait un civet ordinaire.

Les vins bouchés vendus en épicerie sont de bons vins, souvent meilleurs que les fameuses bonnes bouteilles de certains cultivateurs dont j'ai souvenir. Dans l'ancienne cuisine, celle d'avant la réfrigération où le garde-manger en treillis, suspendu dans une cave humide et fraîche était le seul moyen de conservation, le marinage avait trois buts: conserver, attendrir et parfumer. Le temps de marinage était fonction de la température. Il n'est plus nécessaire de laisser mariner une pièce de viande toute une semaine. Les estomacs des anciens étaient blindés. L'organisme habitué au régime des viandes faisandées ne les embêtait guère. Ils se levaient de table après un lourd repas et partaient faire la sieste. Ils se disaient bien un peu lourds, rotaient plus que de coutume, à croire qu'ils avaient développé une immunité aux toxines...

Dans notre monde de supermarché où les comptoirs sont aseptisés et réfrigérés, où les morceaux de boeuf sont mis en vente à peine veillis, il en va tout autrement. Une viande de chasse trop mûrie, trop marinée devient pour notre estomac un véritable supplice. Puisque notre organisme de l'ère moderne ne supporte pas les méthodes d'antan, ne gardons de la marinade que deux actions, celles d'attendrir et de parfumer. Cela vous évitera des problèmes de digestion. Je vous recommande donc de ne pas mariner trop longtemps votre gibier. Le marinage de la chair sauvage ne doit pas dépasser 48 heures pour les grosses pièces. Cubes de viande, lièvres, canards... ne doivent pas séjourner dans le vin plus de 12 heures. Bien des chasseurs et des cuisiniers vous diront qu'il n'est pas nécessaire de mariner les jeunes sujets. C'était vrai lorsque la marinade servait à conserver. Mais comment résister à l'arôme d'un civet? Doit-on se priver du fumet des herbes et du vin une année où l'on ne récolte que de jeunes bêtes? Jamais...

Dans certaines recettes il est dit: réduire de moitié ou réduire à sec. Cette opération est nécessaire: elle élimine l'acidité du vin, concentre le parfum et donne plus de rondeur à votre sauce.

Les vins de table

Amoureux fou des bourgognes et des beaujolais, je n'aurais pas l'audace de vous diriger. Ce serait une suite de noms poétiques où les vins du Mâconnais, du Bordelais, de la Loire, des Côtes du Rhône et d'Alsace seraient oubliés.

Il est des règles de bon vivant et bon mangeur que je voudrais mentionner. Si pour les marinades, nous avons choisi des vins au dépanneur, pour le festin nous choisirons des vins haut de gamme. Souvent, les prix affichés l'emportent sur notre bon vouloir. Ce facteur guide bien plus souvent qu'on ne le voudrait le choix de notre vin. Lorsque l'on a passé des heures à attendre dans une cache l'arrivée des oies blanches, cuisiné un après-midi alors que les copains regardent la télé, toutes ces frustrations valent bien une bonne bouteille quel qu'en soit le prix.

N'y tenant plus, laissez-moi quand même vous conseiller un peu. Que les Paul Leblanc, Pierre Ringuet et autres se révoltent tant pis. Ils me régleront mon cas devant un verre de saint-émilion ou de pomerol.

Pour les poissons, je suis moins intransigeant. J'aime les vins de Loire, de Touraine et d'Anjou. Ils doivent être secs et servis frais. Chablis, pouilly fumé, muscadet-de-sèvre-et-maine, sancerre. Les bourgognes, blancs, jeunes et vigoureux. Meursault ou chassagne-montrachet complètent la panoplie.

Pour le petit gibier à poil et à plume, je sers du beaujolais frais. Pas ces vins de primeur de très courte garde qui font courir tout le monde, je veux ici parler des grands crus du beaujolais au nombre de neuf et des beaujolais-villages. Lorsqu'il fait tempête, que le nord hurle dans nos jardins, que les vents poussent à grands cris les bourrasques de neige, ouvrez une bouteille de moulin-à-vent, de fleurie, de juliénas ou de chirouble. Comme le disait Baudelaire dans *Les Fleurs du mal*: «Sans mors, sans rêves et sans brides, partons à cheval sur le vin.»

Puis viennent les Seigneurs, ceux réservés au cerf, au caribou et à l'orignal. Ces vins de longue garde sont la fierté de la Bourgogne. Ils viennent des communes de Volnay, Pommard, Beaune, Nuits St-Georges, Morey-Saint-Denis, Vougeot, Chambolle-Musigny, Gevrey-Chambertin, Vosne-Romancée. Si, un jour, vous avez l'occasion de passer par le clos de Vougeot, arrêtez-vous près du mur d'enceinte, écoutez les veilles pierres. Elles racontent leur histoire à qui veut l'entendre.

La bécasse

La bécasse américaine, plus petite que sa cousine d'Europe, est un gibier splendide au plumage mordoré. Elle porte souvent le nom de «belle mordorée». Son mimétisme et son vol rapide en font une proie difficile. Sa chair d'une finesse sans égale, est la récompense suprême, un cadeau du bon Dieu, comme me disait un vieux chasseur. D'ailleurs, en Sologne, la bécasse abattue reste la propriété du tireur. Elle ne figure jamais dans le partage du tableau de chasse.

Le pourcentage de chasseurs québécois qui réussissent à faire régulièrement de la bécasse est si faible que je n'ai pas jugé bon de traiter le sujet en profondeur. Mis à part quelques spécialistes qui font de belles récoltes, les sujets abattus le sont souvent par hasard, par des sportifs qui chassent la gélinotte. Étant de ceux-là, je ne possède pas une grande expérience de la cuisson de cet oiseau.

Les puristes ne vident pas la bécasse pour la cuire. Je n'ai jamais pu m'y résoudre. Je ne peux pas non plus me faire à l'idée que la mortification doit durer de 10 à 12 jours dans un endroit frais. Je n'aime pas le gibier en décomposition, surtout si les plombs ont traversé les viscères. Je vide et plume mes oiseaux sitôt rentré. Je les laisse deux à trois jours au réfrigérateur avant de les consommer.

Salmis de bécasse

Le fin du fin pour le chasseur, la bécasse se mange sans artifice. Cuisson rapide et sauce courte sont les secrets de sa cuisine. Ne pas barder les oiseaux, le temps de cuisson étant très court. Les recettes de la bécassine s'adaptent à la bécasse, il s'agit seulement d'augmenter le temps de cuisson.

Pour 2 personnes
Préparation: 15 min
Cuisson: 8 à 10 min

Ingrédients

2 bécasses mortifiées 3 jours
2 c. à soupe (2 c. à table) de beurre
2 c. à soupe (2 c. à table) de carottes en mirepoix
2 c. à soupe (2 c. à table) d'oignon en mirepoix
2 c. à soupe (2 c. à table) de cognac
120 ml (4 oz) de fumet de petit gibier légèrement lié
90 ml (3 oz) de vin blanc
6 croûtons
6 c. à café (6 c. à thé) de mousse de foie gras (commerce)
Sel et poivre au goût

Mise en place

- Plumer, vider les oiseaux vieillis 3 jours, réserver les foies.
- Saler, poivrer l'intérieur. Brider, saler, poivrer l'extérieur.
- Préparer la petite brunoise.

Cuisson des bécasses

- Préchauffer le four à 200°C (400°F).
- Dans une petite cocotte en fonte, faire fondre 2 c. à soupe (2 c. à table) de beurre. Y déposer les bécasses, colorer rapidement les 2 flancs sans brûler le beurre.
- Enfourner. Cuire 8 à 10 minutes à four vif.

Sauce salmis

- Après cuisson des oiseaux, les couper en deux. Retirer les os de poitrine et de dos. Réserver les oiseaux au chaud sous un papier d'aluminium.
- À l'aide d'un gros couteau, concasser grossièrement les os.
- Remettre la cocotte sur le feu. Y déposer les os et la mirepoix. Faire revenir 5 minutes.
- Déglacer avec le cognac, ajouter le vin blanc. Porter à ébullition, cuire 3 minutes à découvert Th 6-7.
- Verser le fumet de gibier légèrement lié sur la réduction. Cuire 3 à 4 minutes sans baisser le feu.
- Écraser avec une fourchette les foies des bécasses. Ajouter 1 c. à café (1 c. à thé) de beurre. Bien mélanger.
- Passer au chinois le contenu de la marmite dans une petite casserole. À l'aide d'une louche, presser fortement les débris pour en exprimer tout le jus.
- Porter à ébullition, couper le feu. Lorsque le dernier bouillon a cessé, monter la sauce au beurre de foie. Ne plus faire bouillir.
- Préparer les croûtons au foie gras.

Présentation

Dans 2 grandes assiettes chaudes, déposer les bécasses désossées. Verser la sauce chaude, garnir avec les croûtons de mousse de foie gras.

La bécassine

Les mains gelées, la gueule fouettée par le «Nordet» qui souffle du grand fleuve, je marche avec précaution dans le petit jonc. À l'encontre de sa grande soeur la bécasse dont elle possède le plumage et qui fréquente les petits bois d'aunes et de trembles, la bécassine se chasse au marais.

Instinctivement, je lève mon fusil vers l'oiseau qui vient de décoller et file en rase-mottes au-dessus de la batture de Cap Saint-Ignace. Stoppée net dans sa fuite, la bécassine choit comme une pierre dans la vase. Un pit-pit de panique attire mon attention sur la gauche. Exécutant rapidement un mouvement tournant, j'aperçois un projectile qui fonce en arc de cercle dans une fuite éperdue. Le premier coup rate, le deuxième met fin abruptement à la course de l'oiseau.

La bécassine est mon grand sport de tir. Son décollage par surprise, sa rapidité de vol, ses changements brusques de direction me grisent. La chasse de la bécassine, c'est ma drogue, mon plaisir.

En octobre, ce gibier est gras. J'aime le cuire sans barde de lard. Juste salée et poivrée, sa chair délicate «cuit de peur». Par contre, la bécassine ne supporte pas la congélation. Elle y prend rapidement mauvais goût. Comme pour la bécasse, les puristes ne la vident pas et moi, tout comme pour la bécasse, je n'ai pu m'habituer à la laisser faisander (voir Bécasse page 164).

Bécassine aux pleurotes et aux petits oignons

Gamin, lorsque les vendanges étaient terminées et que le temps des labours était arrivé, nous allions chasser la grive. Souvent, faute de grives, les merles servaient de substitut. Ne dit-on pas faute de grives on mange des merles?

Au Québec, faute de grives, je mange des bécassines. Comme, à l'époque de migration des bécassines de Wilson, les gelées ont fait disparaître les champignons des bois, je les remplace par des pleurotes de culture que l'on retrouve maintenant sur le marché.

Pour 2 personnes
Préparation: 35 min
Cuisson: 8 min

Ingrédients

6 bécassines tirées de la veille
100 g (3 oz) de pleurotes
175 g (6 oz) de flanc de porc entrelardé pour lardons
12 petits oignons (gros comme des noisettes)
1 gousse d'ail
2 branches de persil
3 c. à soupe (3 c. à table) de beurre
2 c. à soupe (2 c. à table) d'huile
120 ml (4 oz) de vin blanc
120 ml (4 oz) d'eau
Sel et poivre au goût

Mise en place

- Préparer les bécassines pour la cuisson.
- Elles auront été vidées après la chasse, préparées comme l'indique l'introduction de «Bécassines des battures du Cap Saint-Ignace» (page 173), mortifiées pendant 24 heures, et les foies auront été réservés.
- Les plumer, flamber sans fondre le gras du poitrail par une trop longue exposition à la flamme.
- Saler et poivrer l'intérieur et l'extérieur, puis brider.
- Éplucher les petits oignons.
- Hacher ensemble ail et persil, réserver dans une petite assiette.
- Tailler en petits lardons le morceau de flanc de porc. Il est préférable d'utiliser du flanc non salé. Si tel est le cas, le dessaler dans l'eau froide. Ne pas utiliser de poitrine fumée, le parfum est trop fort.
- Laver les champignons, les émincer, laisser égoutter dans une passoire.

Cuisson

Suivre le même mode de cuisson que pour les bécassines des battures du Cap Saint-Ignace (page 173).

Pendant la cuisson des bécassines:

- Blanchir les lardons. Dans une casserole, mettre les lardons dans un peu d'eau froide. Porter à ébullition, faire bouillir 2 minutes. Égoutter et réserver.
- Sortir la sauteuse du four. À l'aide d'une fourchette, retirer un à un les oiseaux sans piquer la poitrine. Réserver au chaud.
- Retirer la graisse de la sauteuse, déglacer avec le vin blanc et l'eau.
- Porter à ébullition lente Th 4-5. Ne pas faire trop réduire. À l'aide d'une cuillère de bois, décoller les sucres.
- Pendant la cuisson du jus, dans une poêle, faire fondre

2 c. à soupe (2 c. à table) de beurre Th 8, y déposer les lardons, laisser colorer 3 minutes puis ajouter les champignons émincés. Cuire 2 minutes.

- Le temps de cuisson des pleurotes étant révolu, à l'aide d'une écumoire, transvaser lardons et champignons dans le jus des bécassines où se trouvent déjà les petits oignons et environ 180 ml (6 oz) de réduction. Saler, poivrer.
- Adjoindre l'ail et le persil haché. Donner un bouillon, ajouter les bécassines débridées. Couper le feu, couvrir et laisser infuser pendant 3 minutes.

Présentation

Présenter les oiseaux dans la cocotte ou la sauteuse de cuisson.

Bécassines des battures du Cap Saint-Ignace

Ce petit migrateur est très fragile à conserver. Il faut en prendre grand soin pour mener à bien sa conservation et sa cuisson. Pour chasser la bécassine, j'emploie du plomb n° 9. Il n'est pas rare que sept ou huit de ces petits plombs trouvent refuge dans l'oiseau. Il faut alors, dès le retour de la chasse, les vider et retirer à l'aide d'une pince à épiler les plombs et les plumes qui se sont frayé un chemin dans la chair.

Pour 2 personnes
Préparation: 25 min
Cuisson: 8 min

Ingrédients

6 bécassines tuées la veille
2 c. à soupe (2 c. à table) de beurre
1 c. à soupe (1 c. à table) d'huile
6 petits oignons gros comme des noisettes
125 ml (4 oz) de vin blanc sec
125 ml (4 oz) d'eau chaude
30 ml (1 oz) de marc ou de brandy
Sel et poivre au goût

Mise en place

- Préparer les bécassines pour la cuisson.
- Elles ont été vidées après la chasse, mortifiées pendant 24 heures et les foies ont été réservés.
- Les plumer, flamber sans faire fondre le gras du poitrail par une trop longue exposition à la flamme.
- Saler, poivrer intérieur et extérieur. Brider.
- Éplucher les petits oignons.

Cuisson des bécassines

- Chauffer le four à 150°C (300°F).
- Dans une sauteuse ou une poêle allant au four et de juste grandeur, faire chauffer 2 c. à soupe (2 c. à table) de beurre et 1 c. à soupe (1 c. à table) d'huile Th 8.
- Déposer les oiseaux sur le côté dans le gras de cuisson brûlant pendant 45 secondes.
- Tourner sur l'autre côté au bout de 45 secondes, même temps de coloration. À l'aide d'une fourchette, placer les oiseaux sur le dos. Ajouter les oignons, enfourner et cuire pendant 8 minutes.

Jus

- Sortir la sauteuse du four. Dégraisser sans retirer les oiseaux ni les oignons. Mettre sur le feu Th 8.
- Verser le marc sur les bécassines et flamber. Retirer à l'aide d'une fourchette les oiseaux de la sauteuse sans piquer la poitrine. Réserver au chaud.
- Déglacer la sauteuse avec le vin blanc et l'eau chaude.
- Faire prendre ébullition Th 8. Remuer le jus avec une cuillère de bois pour décoller les sucs du fond de la casserole. Ajouter les foies. Conduire la cuisson à découvert pour obtenir environ 90 ml (3 oz). Saler, poivrer.

Présentation

Débrider les oiseaux, les déposer sur une assiette et disposer à l'aide d'une cuillère les foies et les oignons autour des oiseaux. Arroser avec le jus et servir.

Salade de cresson à l'escalope de bécassine

Ma préférée, douce, voluptueuse, combien reposante après la marche forcée sur les berges du Saint-Laurent battues par les vents froids d'octobre. Cette salade ne devrait être servie que pour les amoureux. Voilà donc pourquoi je donne la recette pour deux convives.

Pour 2 personnes
Préparation: 20 min
Cuisson: 10 min

Ingrédients

2 bécassines tuées de la veille
1 botte de cresson
2 petits oignons
1 c. à thé (1 c. à café) de beurre
1 c. à thé (1 c. à café) de cognac
2 c. à soupe (2 c. à table) de vinaigrette
80 ml (1/3 tasse) de champagne ou de mousseux
**   sec**
Sel et poivre au goût

Mise en place

- Préparer les bécassines pour la cuisson.
- Elles ont été vidées après la chasse, mortifiées pendant une journée. Les foies réservés.
- Les plumer, ne pas les flamber. En automne, elles sont grasses. L'exposition à la flamme fait fondre le gras.
- Introduire un petit oignon dans la cavité abdominale. Saler, poivrer l'intérieur. Brider.

Cuisson des bécassines

- Chauffer le four à 170°C (300°F).
- Dans une petite poêle, faire fondre le beurre Th 8.
- Faire colorer les oiseaux de chaque côté pendant environ 2 minutes après avoir salé et poivré.
- Enfourner, cuire 8 minutes à 170°C (300°F), ajouter les foies en fin de cuisson.

Préparation de la salade

- Retirer les queues des branches de cresson au niveau des premières feuilles.
- Laver, essorer, réserver dans un linge.

Préparation

- Après cuisson des bécassines, les faire tiédir hors du feu.
- Séparer les cuisses des poitrines. Réserver les foies dans une assiette.
- Désosser les pattes, mettre les os dans la poêle de cuisson, détailler les chairs en fine julienne, réserver.
- Désosser les poitrines, lever les suprêmes. Concasser les os, les ajouter dans la poêle de cuisson.
- Couper les suprêmes en deux escalopes sur la longueur, réserver.
- Dans un saladier, mélanger feuilles de cresson, julienne de pattes, vinaigrette, sel et poivre.

Sauce

- Faire chauffer la poêle avec les os concassés Th 9.
- Retirer le gras de cuisson.
- Déglacer avec 1 c. à soupe (1 c. à table) de cognac, réduire un peu.
- Mouiller avec le champagne, réduire de moitié pour obtenir environ 4 c. à soupe (4 c. à table) de jus corsé. Goûter, saler, poivrer si nécessaire.

- Passer au chinois fin en prenant avec une louche pour extirper tout le jus.

Présentation

Déposer au centre de 2 grandes assiettes, la salade de cresson. Au centre, déposer un foie d'oiseau. De chaque côté, disposer les escalopes de suprême. À l'aide d'une petite cuillère, répartir sur les viandes tièdes, le jus chaud au champagne. Servir sans perdre de temps.

Aiguillettes de canard au cidre

Le magret fait partie de ces mots de la nouvelle cuisine. Le magret c'est la poitrine du canard, cuite rapidement, servie saignante ou rosée suivant le goût. Il n'est pas nécessaire de mortifier le gibier. J'aime cette recette au bout du fusil, à peine rentré de la chasse, encore plein des brumes de novembre.

Pour 4 personnes
Préparation: 25 min
Cuisson: 20 min

Ingrédients

2 gros canards de marais
2 c. à soupe (2 c. à table) d'huile
180 ml (6 oz) de cidre
350 g (12 oz) de crème à 35 p. 100
1 c. à soupe (1 c. à table) de gelée de pommes
Sel et poivre au goût

Mise en place

- Au retour de la chasse, plumer, vider, flamber les canards. Réserver les foies pour la salade d'automne aux foies sauvages.
- Préparer les magrets en suivant la méthode décrite aux pages 15 et 16 dans les planches photos. Pour cette recette, conserver la peau sur la poitrine.
- Réserver les cuisses pour la marmite de pattes de canard en civet.

Cuisson des magrets

- Chauffer le four à 260 °C (500 °F).

- Saler et poivrer les magrets. Les déposer dans un plat à rôtir côté chair, arroser avec l'huile.
- Mettre à cuire au four brûlant pendant environ 12 minutes.
- Retirer le plat du four. Réduire la chaleur à 120°C (250°F). Couvrir les magrets avec un papier d'aluminium. Lorsque le four est à basse température, poursuivre la cuisson pendant 8 minutes.

Sauce

- Après la cuisson des magrets, les retirer du four sans les piquer. Réserver, toujours couverts à four tiède.
- Retirer le gras du plat de cuisson. Déglacer avec le cidre. Faire prendre ébullition Th 7-8. Réduire de moitié.
- Verser la crème à 35 p. 100 dans la réduction de cidre. Faire prendre ébullition. Réduire le feu Th 5-6. Conduire la cuisson en fouettant pendant environ 6 minutes pour obtenir une sauce fine et légère.
- Couper le feu, ajouter à la sauce la gelée de pommes et délayer dans les derniers bouillons.

Présentation

Sortir les magrets du four, retirer le papier d'aluminium, dépouiller les poitrines, ne pas garder la peau. Les découper en fines escalopes taillées en biais sur l'épaisseur de la viande.

Verser 60 ml (2 oz) de sauce au milieu de 4 grandes assiettes chaudes. Déposer sur la sauce un magret escalopé disposé en éventail dans chaque assiette. Servir.

Brioches de foies de canard au madère

La préparation des brioches est longue et fastidieuse. Je vous recommande donc, pour ce plat du dimanche, de vous les procurer chez votre pâtissier. Comme la salade d'automne aux foies sauvages, vous pouvez la préparer avec les foies de tous les petits gibiers.

Pour 4 personnes
Préparation: 35 min
Cuisson: 12 min

Ingrédients

4 brioches françaises
8 foies de canards de marais
8 champignons blancs moyens
2 c. à soupe (2 c. à table) de beurre
3 c. à soupe (3 c. à table) de beurre manié
120 ml (4 oz) de vin blanc sec
240 ml (8 oz) de fond de gibier
60 g (2 oz) de crème à 35 p. 100
45 ml (1 1/2 oz) de madère
Sel et poivre au goût

Mise en place

- Dénerver les foies, retirer les parties verdâtres.
- Couper chaque foie par le travers en 4 ou 5 escalopes.
- Émincer les champignons, laver, égoutter.
- Faire tiédir au four les 4 brioches.

Préparation

- Dans une poêle, faire blondir le beurre Th 8.
- Sauter vivement et ensemble, escalopes de foies et

champignons émincés, saler, poivrer. Prendre garde de ne pas ajouter le sang.

- Augmenter la chaleur Th maximum et cuire en tout 3 à 4 minutes.
- Réserver au four tiède avec les brioches dans une assiette creuse.

Sauce

- Dans une casserole, faire réduire de moitié le vin blanc sec. L'ébullition doit se faire rapidement Th maximum, environ 4 minutes.
- Ajouter le fond de gibier ou le bouillon de boeuf. Réduire 2 minutes Th maximum puis baisser la chaleur Th 7.
- Lier en fouettant avec 3 c. à soupe (3 c. à table) de beurre manié que l'on ajoute au fur et à mesure.
- Une fois épaissie, la sauce doit cuire quelques minutes à faible frémissement Th 3.
- Toujours en fouettant, ajouter la crème à 35 p. 100 et le madère. Augmenter la chaleur Th 5. Au premier bouillon, retirer du feu.

Préparation

- Retirer les brioches du four.
- Couper le sommet, le réserver car il servira de chapeau.
- Évider à l'aide d'une cuillère à café ou à thé le coeur de la brioche.
- Remplir chaque cavité d'escalopes de foie et de champignons émincés.
- Verser dans chaque brioche 60 ml (2 oz) de sauce. Réserver le reste.
- Poser les chapeaux, passer au four.

Présentation

Dans des assiettes chaudes moyennes, répartir au centre à l'aide d'une cuillère à soupe, le reste de la sauce. Déposer une brioche chaude sur chacune et servir.

Canard de marais farci aux cèpes des pins

Avant les premières gelées, dans les plantations de pins, poussent les cèpes des pins. Moins recherché que les chanterelles ou les morilles, ce délicieux champignon peut faire une superbe garniture de haut vol. Dans cette recette, il est mélangé à la farce et poêlé en garniture d'accompagnement. Les cèpes des pins peuvent être remplacés par des champignons de couche ou des pleurotes.

Pour 4 à 5 personnes
Préparation: 1 h 45 min
Cuisson: 1 h

Ingrédients

2 canards de marais noirs malards ou pilets tués de 48 heures
500 g (1 lb) de farce fine (voir recette à la page 288)
500 g (1 lb) de cèpes des pins (si possible) ou champignons de couche ou pleurotes
125 ml (4 oz) de vin blanc
125 ml (4 oz) d'eau
5 c. à soupe (5 c. à table) de beurre
1 oignon moyen émincé
1 bouquet garni (4 branches de persil, 1 feuille de laurier, 1 branche de thym)
1 verre d'eau
1 gousse d'ail
1 c. à soupe (1 c. à table) de persil haché
Sel et poivre au goût

Mise en place

- Les canards ont été vidés au retour de la chasse, puis mortifiés pendant 48 heures. Les foies ont été réservés pour la farce.
- Plumer les canards, flamber, saler, poivrer l'intérieur.
- Éplucher, laver, égoutter les cèpes. Garder le 1/4 pour la farce, le reste servira de garniture.
- Préparer la farce fine en suivant la recette décrite à la page 288. Y ajouter, sans les macérer, les foies de canard et le 1/4 des champignons.
- Farcir les canards. Brider, saler et poivrer l'extérieur.
- Préparer le bouquet garni, peler et émincer l'oignon.
- Hacher ail et persil. Réserver ensemble dans une petite assiette.

Cuisson des canards

- Déposer les canards farcis dans une cocotte, les badigeonner avec 3 c. à soupe (3 c. à table) de beurre.
- Mettre au four chaud à 180°C (350°F) sans couvrir.
- 15 minutes après le début de la cuisson, ajouter l'oignon émincé et le bouquet garni.
- De temps en temps, toutes les 8 minutes environ, arroser les canards avec le gras de cuisson.

Cuisson des champignons

- Dans une poêle, feu Th 8, faire fondre le reste du beurre, puis y faire cuire les champignons jusqu'à évaporation totale de leur eau.
- Ajouter le persil et l'ail hachés, mélanger et couvrir. Réserver au chaud.

Jus des canards

- Le temps de cuisson des canards étant révolu, sortir la cocotte du four. Réduire la chaleur à 50°C (125°F). Déposer les canards dans un plat, laisser reposer 15 à

184

20 minutes à four tiède, recouverts d'un papier d'aluminium.

- Retirer le gras de cuisson de la cocotte. La mettre sur le feu Th 7. Déglacer avec le vin blanc et l'eau.
- Faire prendre ébullition. À l'aide d'une cuillère de bois, décoller les sucs au fond de la marmite. Donner un bouillon de 2 minutes. Passer au chinois fin.

Présentation

Retirer les oiseaux du four, les débrider. Sortir la farce des canards, la réserver à four tiède. À l'aide d'un gros couteau, fendre les canards en deux. Retirer les os de poitrine et du dos. Jeter les carcasses, elles ne sont pas utiles pour cette recette. Détailler la farce en fines tranches. Au centre d'un plat de service, déposer les champignons. D'un côté du plat, disposer les tranches de farce, de l'autre les poitrines et les cuisses de gibier. Arroser avec le jus brûlant et servir.

Canard pilet en cocotte

Cette recette, je la réserve pour les canards des marais de moyenne grosseur. Pilet, siffleur, souchet, chipeau, ces canards dépassent rarement le kilo (2 lb). Leur chair, à part celle du souchet qui n'a pas le même régime alimentaire, est excellente, fine et délicate. S'ils sont rôtis, ces oiseaux doivent être bardés. Leur séjour au four doit être de courte durée. La recette qui suit peut être adaptée avec branchus et sarcelles, en diminuant au moins du tiers le temps de cuisson.

Pour 4 personnes
Préparation: 35 min
Cuisson: 45 min

Ingrédients

2 canards pilets vieillis de 48 heures
1 carotte en mirepoix
1 oignon moyen en mirepoix
1 branche de thym frais
150 ml (5 oz) de vin rouge
180 ml (6 oz) de fond de gibier (voir recette
  à la page 283) ou de bouillon de boeuf
2 c. à soupe (2 c. à table) de moutarde de Dijon
2 c. à soupe (2 c. à table) de beurre
2 c. à soupe (2 c. à table) d'huile
Sel et poivre au goût

Mise en place

- Préparer les canards pour la cuisson. Ils ont été vidés après la chasse, les foies réservés pour un pâté, mortifiés pendant 48 heures.
- Plumer les gibiers, flamber, saler, poivrer l'intérieur.

186

Inutile de les barder puisqu'ils sont cuits à l'étouffée.
Brider, saler, poivrer.

- Tailler oignon et carotte en mirepoix.
- Chauffer le four à 160°C (325°F).

Cuisson des canards

- Dans une cocotte en fonte, faire fondre le beurre Th 8, ajouter l'huile.
- Colorer les canards à feu vif pendant environ 2 minutes de chaque côté.
- Ajouter la petite mirepoix. Diminuer le feu Th 4-5. Laisser prendre couleur en remuant de temps en temps.
- La coloration des légumes et des canards terminée, ajouter le thym, couvrir, mettre la cocotte au four chaud.
- Retourner les canards toutes les 5 minutes.
- Après 20 minutes de cuisson, retirer la cocotte du four. Arroser les oiseaux placés sur le dos avec 120 ml (4 oz) de vin rouge. Couvrir à nouveau, remettre au four pour 20 nouvelles minutes.
- La cuisson des canards étant révolue, sortir la cocotte du four. Retirer les canards sans les piquer. Les laisser reposer pendant 20 minutes.

Jus de canard à la moutarde

- Une fois reposés et tièdes, à l'aide d'un gros couteau, couper en deux chaque canard.
- Retirer les os de poitrine et de dos. Réserver les chairs à four tiède sous un papier d'aluminium.
- Toujours avec le gros couteau, hacher les carcasses.
- Mettre la cocotte sur le feu Th 8, ajouter les os concassés, mouiller avec le reste de vin rouge et le fond de petit gibier ou le bouillon de boeuf.
- Faire prendre ébullition Th maximum. Réduire le feu Th 7, cuire 4 minutes.

- Passer le jus de canard au chinois fin. À l'aide d'une louche, presser fortement les os pour en exprimer tout le jus.
- Faire prendre à nouveau ébullition. Couper le feu. Lorsque le bouillonnement a cessé, ajouter en fouettant la moutarde de Dijon. Ne plus faire bouillir. Saler, poivrer.

Présentation

Déposer les demi-canards sur des assiettes chaudes, napper avec 60 ml (2 oz) de jus lié à la moutarde et servir.

Civet de pattes de canard

Dans le temps, enfin il n'y a pas si longtemps, avant l'ère de la nouvelle cuisine, les oiseaux sauvages se faisaient rôtir, bouillir, braiser, etc. Il n'était pas question d'escalopes d'oie au vinaigre de framboise, de suprêmes de gélinotte aux pleurotes ou d'aiguillettes de canard au cidre. Manger une escalope de canard cuite rosée au sortir de la chasse sans avoir faisandé le gibier était impensable. La cuisine a évolué, les goûts se sont affinés. Dans cette évolution des goûts, les poitrines de gibier ont pris le dessus et bien souvent les pattes sont sous-utilisées. Les cuisses de canard chipeau rôties, ce n'est pas gros je vous l'accorde. Pour remédier à ce problème, chaque fois que vous préparez des suprêmes, réservez donc les cuisses au congélateur, et de temps en temps faites un civet de pattes de gibier. Pour cette recette, il est inutile de faire mariner le gibier.

Pour 4 personnes
Préparation: 25 min
Cuisson: 1 h 15 min

Ingrédients

20 à 25 cuisses de gibier à plumes suivant la grosseur
480 ml (16 oz) de vin rouge
480 ml (16 oz) de fond de gibier (voir recette à la page 283) ou de bouillon de boeuf
2 c. à soupe (2 c. à table) de beurre
2 c. à soupe (2 c. à table) d'huile
100 g (3 oz) de crème à 35 p. 100

3 c. à soupe (3 c. à table) de farine
350 g (12 oz) de petits champignons blancs
24 petits oignons de la grosseur d'une olive
250 g (8 oz) de flanc de porc (lardons)
1 bouquet garni (4 branches de persil, 1 feuille de laurier, 1 branche de thym)
Sel et poivre au goût

Mise en place

- Laver et couper en 4 les champignons.
- Éplucher les oignons.
- Couper en lardons le flanc de porc non salé.

Cuisson du civet

- Dans une cocotte en fonte, faire chauffer Th 8, le beurre et l'huile.
- Lorsque la matière grasse est chaude, faire colorer les cuisses sans réduire le feu.
- Après coloration, les retirer de la marmite.
- Dans le gras de cuisson, déposer lardons, champignons et petits oignons. Colorer 5 minutes puis retirer. Réserver dans une assiette creuse et couvrir.
- Remettre les pattes d'oiseaux dans la marmite. Réduire le feu Th 3-4.
- Saupoudrer le gibier avec la farine. Singer quelques minutes en remuant à l'aide d'une cuillère de bois.
- Mouiller le gibier singé avec le vin rouge et le fond de gibier ou bouillon de boeuf.
- Faire prendre ébullition Th maximum. Réduire le feu Th 6, écumer à l'aide d'une louche les impuretés qui se forment en surface (environ 5 minutes).
- Lorsque le civet est épuré, saler, poivrer, ajouter le bouquet garni. Couvrir et conduire la cuisson à feu léger Th 4 environ 1 heure.
- Au bout d'une heure, ajouter la garniture de petits oi-

gnons, lardons et champignons. Poursuivre la cuisson 10 minutes.

- Retirer le bouquet garni, additionner 100 g (3 oz) de crème à 35 p. 100 et rectifier l'assaisonnement. Ne plus faire bouillir.

Présentation

Déposer le civet sur la table dans sa marmite de cuisson en retirant le couvercle devant les convives.

Escalopes de canard
à la crème
et aux pleurotes

Pour cette recette facile d'exécution, pas de marinage ni de faisandage. À peine sorti des marais, le canard est mis à table. De préférence, utiliser des canards noirs ou des malards. Les poitrines de ces oiseaux sont grosses et dodues et peuvent être facilement taillées en escalopes.

Pour 4 personnes
Préparation: 25 min
Cuisson: 40 sec

Ingrédients

2 canards malards ou noirs
125 à 150 g (4 à 5 oz) de pleurotes
3 c. à soupe (3 c. à table) de beurre
1 c. à soupe (1 c. à table) d'huile
350 g (12 oz) de crème à 35 p. 100
1 petite échalote verte ciselée
Sel et poivre au goût

Mise en place

- Au retour de la chasse, vider les canards. Réserver les foies dans une assiette. Dépouiller complètement les oiseaux, séparer les cuisses, les mettre de côté pour la recette de civet de pattes de canard (page 189).
- Lever les poitrines de canard en suivant la méthode expliquée dans les planches de photos aux pages 15 et 16.
- Réserver les os pour faire ultérieurement un fond de gibier non nécessaire dans cette recette.
- Couper chaque suprême en tranches. La coupe doit se

faire en biais sur le sens le plus étroit.

- À l'aide d'un gros couteau, aplatir les morceaux de viande sans trop écraser les chairs.
- Escaloper les foies.
- Ciseler très finement une petite échalote verte pour obtenir 1 1/2 c. à soupe (1 1/2 c. à table).
- Émincer, laver, égoutter les champignons.

Cuisson des escalopes et des champignons

- Dans une poêle, faire chauffer Th 8, 2 c. à soupe (2 c. à table) de beurre et 1 c. à soupe (1 c. à table) d'huile.
- Cuire rapidement, environ 20 secondes de chaque côté, les escalopes et les foies. Les saler après cuisson.
- Après cuisson, réserver au four chaud escalopes et foies. Couvrir.
- Retirer le gras de cuisson de la poêle, y déposer 1 c. à soupe (1 c. à table) d'échalote ciselée.
- Mouiller immédiatement avec la crème à 35 p. 100.
- Faire prendre ébullition Th maximum. Baisser le feu, Th 6, faire réduire en fouettant pour obtenir un volume d'environ 180 ml (6 oz). Saler et poivrer.
- Simultanément, dans une autre poêle, faire fondre 1 c. à soupe (1 c. à table) de beurre Th 8.
- Y déposer les champignons émincés. Saler, poivrer. En quelques secondes, les pleurotes commencent à rendre leur eau. Cuire environ 3 minutes sans baisser le feu.

Présentation

Répartir les escalopes de poitrine et les foies des canards dans 4 grandes assiettes chaudes. Déposer sur chacune quelques lamelles de champignons. Répartir le reste des pleurotes autour des tranches de viande. Napper le tout avec la sauce, environ 50 ml (2 oz) par convive. Servir rapidement.

Salade à la patte de canard

Lorsque des amis ou ma famille mangent à ma table du canard ou de la perdrix rôtis, presque tous dédaignent les pattes. Ils n'ont pas tort, c'est petit, nerveux et sec. J'ai pallié à cet inconvénient en ne servant que les suprêmes. Ne désirant pas donner les pattes au chat, je les sers en salade. La chasse de la sauvagine coïncide avec la maturité au jardin de la scarole et de la chicorée frisée.

Pour 4 personnes
Préparation: 20 min
Cuisson: 35 min

Ingrédients

2 gros canards de marais
1 petite laitue scarole (bien tendre)
1 petite chicorée frisée (bien tendre)
1/2 tomate
30 g (1 oz) de carotte
1/2 c. à café (1/2 c. à thé) de ciboulette hachée
1/4 c. à café (1/4 c. à thé) d'ail haché
1 gousse d'ail
8 croûtons
4 à 5 c. à soupe (4 à 5 c. à table) de vinaigrette
Sel et poivre au goût

Mise en place

- Préparer les canards à rôtir, ils ont été vidés après la chasse, puis mortifiés deux jours. Les foies ont été réservés pour la recette des foies en salade ou en brioche.

- Les plumer, flamber, saler et poivrer l'intérieur, brider.
- Suivre le mode de cuisson des aiguillettes de canard au cidre (page 178).
- Pendant la cuisson des canards, préparer la salade.
- Éplucher et laver la chicorée et la scarole. Ne garder que le coeur d'un jaune tendre et le blanc des feuilles, le vert étant trop amer. Essorer, réserver dans un linge.
- Râper 30 g (1 oz) de carotte.
- Hacher séparément ail et ciboulette.
- Hacher la pulpe de 1/2 tomate.

Préparation

- Après cuisson des canards, séparer les cuisses des poitrines. Réserver les suprêmes au chaud pour la suite du repas.
- Laisser tiédir les pattes.
- Retirer la peau, désosser, dénerver.
- Détailler les chairs à peine froides en fine julienne de 4 à 5 cm (1 1/2 à 2 po) de long.
- Dans un grand saladier, réunir les feuilles de salade essorées, l'ail, la ciboulette, la carotte râpée et la moitié de la julienne de canard.
- Saler, poivrer, ajouter la vinaigrette et mélanger le tout.
- Frotter les 8 croûtons passés au four avec une belle gousse d'ail.

Présentation

Dans 4 grandes assiettes, répartir la salade. Garnir avec le reste de la julienne de canard et les croûtons à l'ail. Au milieu de chaque assiette, déposer 1/4 c. à café (1/4 c. à thé) de tomate hachée.

Salade d'automne aux foies sauvages

Vous pouvez composer cette salade avec tous les foies de petit gibier, y compris le lièvre. Dans ce texte, je donne la recette de la vinaigrette qui servira pour toutes les salades de ce livre.

Pour 4 personnes
Préparation: 15 min
Cuisson: 4 min

Ingrédients

8 foies de canard de marais
1 coeur de chicorée frisée
1 coeur de scarole
1 coeur de romaine
20 g (1 grosse c. à table) de beurre
4 à 5 c. à soupe (4 à 5 c. à table) de vinaigrette
Sel et poivre au goût

Vinaigrette:

1/2 c. à café (1/2 c. à thé) de moutarde de Dijon
2 c. à café (2 c. à thé) de vinaigre de vin
5 c. à café (5 c. à thé) d'huile de maïs
Sel et poivre au goût

Mise en place

- Préparer les foies pour la cuisson.
- Dénerver, parer les parties verdâtres, s'assurer qu'il ne reste pas la moindre trace de fiel.
- Éplucher les trois salades, ne gardant que les feuilles jaunes et tendres du coeur. Laver, essorer.

Cuisson des foies

- Dans une poêle, faire fondre le beurre Th 8.
- Un à un, coucher les foies de canard dans le beurre blond. Saler, poivrer.
- Cuire 2 minutes, répéter l'opération pour les autres faces, cuire à nouveau 2 minutes.
- Retirer les foies cuits un à un à l'aide d'une fourchette, laissant ainsi au fond de la poêle gras de cuisson et impuretés.
- Réserver dans une assiette chaude.

Préparation

- Mettre la salade dans un grand saladier, saler, poivrer, ajouter la vinaigrette, mélanger.
- Couper à chaud les foies de canard en 2 escalopes pour obtenir 16 tranches.

Présentation

Répartir la salade au centre de 4 grandes assiettes. Garnir chacune avec 4 escalopes de foie. Servir rapidement, avant que la viande ne soit froide.

Le faisan

Le faisan n'est pas un nouveau venu dans les habitudes de chasse du Québec, bien que le coq au plumage multicolore et la poule grise ne soient pas originaires de nos contrées. Ils se chassent dans les fermes cynégétiques où l'on pratique l'élevage d'oiseaux exotiques, dans les clubs de tir où se pratique la roue du Roi. Ce magnifique gibier au port fier ne supporte pas le froid de nos hivers canadiens.

Se nourrissant principalement de graines qu'il picore au sol dans les champs et les sous-bois, la couche de neige et le sol gelé lui interdisent toute quête de subsistance.

Si, comme ses cousins la gélinotte et le tétras, il avait pris l'habitude de se nourrir de bourgeons durant le long hiver, nous aurions la possibilité de le chasser. Certains spécimens échappés des fermes d'élevage ont cependant réussi à passer la mauvaise saison.

Espérons qu'ils auront des descendants qui s'adapteront définitivement si renards, coyotes et hivers leur prêtent vie.

Blanc de faisan au roquefort

S'il est à la mode aujourd'hui dans bien des restaurants d'inscrire à la carte au moins un plat à base de roquefort, voilà bien des années, mon patron d'apprentissage en faisait sa spécialité. Ce n'est donc pas nouveau. De cette recette j'ai changé le mode de cuisson. Lui faisait rôtir le gibier. Ayant évolué avec la cuisine, je poêle les oiseaux.

Pour 4 personnes
Préparation: 25 min
Cuisson: 4 min

Ingrédients

3 jeunes faisanes vieillies 3 jours
120 ml (4 oz) de vin blanc sec
210 à 240 ml (7 à 8 oz) de fond de gibier
 légèrement lié
2 c. à soupe (2 c. à table) de beurre
1 c. à soupe (1 c. à table) d'huile
1 c. à soupe (1 c. à table) d'échalotes séchées
 hachées
1 c. à café (1 c. à thé) de persil haché
50 g (1 1/2 oz) de roquefort
Sel et poivre au goût

Mise en place

- Au retour de la chasse, vider les oiseaux. Réserver les foies pour une terrine ou mieux encore pour la salade d'automne aux foies sauvages.
- Laisser mortifier les faisanes 3 jours dans un endroit frais, pendues par le cou.

- Plumer, flamber le gibier. Lever les suprêmes en suivant les explications données dans les planches photos. Réserver les pattes pour un civet de pattes. Vous servir des os pour un fond de gibier.
- Faire un fond de gibier légèrement lié en suivant la recette à la page 283 ou sortir du congélateur un sachet de 240 ml (8 oz).
- Hacher séparément échalotes et persil. Réserver.

Cuisson des suprêmes

- À l'aide d'un couteau à filets, couper en deux chaque suprême sur la longueur.
- Aplatir légèrement sans écraser les chairs. Saler, poivrer.
- Dans une sauteuse, chauffer le beurre et l'huile.
- Déposer les escalopes dans le gras de cuisson brûlant Th 7-8. Cuire 1 1/2 minute de chaque côté sans augmenter le feu. L'intérieur doit rester rosé.
- Après cuisson, réserver au chaud sous un papier d'aluminium.

Sauce

- Retirer le gras de cuisson, remettre la sauteuse sur le feu. Ajouter les échalotes hachées.
- Déglacer immédiatement avec le vin blanc. Réduire aux 3/4 Th 8.
- Ajouter le fond de gibier, réduire de nouveau pour obtenir 240 ml (8 oz) de sauce.
- La sauce étant à point, baisser le feu au minimum. Saler, poivrer.
- Incorporer le roquefort en l'émiettant à l'aide d'un fouet rigide pour rendre la sauce homogène. (La quantité de roquefort peut être augmentée à loisir au goût du praticien.)

Présentation

Dresser les escalopes 3 par 3 en forme d'éventail dans de grandes assiettes chaudes. Verser la sauce sur la viande, semer le persil haché. Servir.

Blanquette de faisan aux artichauts

La blanquette de faisan n'est pas une trouvaille phénoménale même si généralement ce genre de préparation est réservé à la viande blanche du veau. J'ai souvenir d'un cuisinier qui faisait une superbe blanquette de volaille à la bourgeoise. La voici avec le faisan.

Pour 4 personnes
Préparation: 20 min
Cuisson: 45 min

Ingrédients

2 faisans (faisanes de préférence) tués la veille
3 c. à soupe (3 c. à table) de farine
3 c. à soupe (3 c. à table) de beurre
24 petits oignons
4 artichauts frais
1 citron
60 g (2 oz) de crème à 35 p. 100
2 jaunes d'oeufs
1 bouquet garni (4 brins de persil, 1 branche de thym, 1 feuille de laurier)
Sel et poivre au goût

Mise en place

- Au retour de la chasse, plumer, flamber les oiseaux. Réserver les foies pour une terrine.
- Découper les oiseaux en 8 morceaux.
- Éplucher les petits oignons.
- Couper les feuilles d'artichauts pour ne garder que le fond. Retirer le foin à l'aide d'un petit couteau. Frotter les fonds avec le citron. Réserver dans l'eau froide.

Cuisson de la blanquette

- Dans une marmite, déposer les morceaux de faisan, couvrir largement avec de l'eau froide.
- Porter à ébullition Th 9. Écumer à l'aide d'une passoire les impuretés qui se forment à la surface.
- Verser le contenu de la cocotte dans une passoire pour éliminer l'eau de première cuisson. Rincer.
- Remettre la viande dans la marmite. Mouiller avec 2 litres (8 tasses) d'eau. Ajouter le bouquet garni, saler, poivrer.
- Faire prendre ébullition Th maximum, écumer à nouveau si besoin. Réduire le feu Th 6, couvrir. Cuire environ 35 minutes.
- Après 15 minutes d'ébullition, ajouter les oignons, terminer la cuisson.

Pendant la cuisson du faisan, cuire les fonds d'artichauts.

- Dans une casserole, déposer les fonds d'artichauts, couvrir, saler, poivrer.
- Cuire 10 à 12 minutes Th 8.
- Après cuisson, les rafraîchir. Réserver sur un linge sec.

Sauce

- Le temps de cuisson des faisans étant écoulé, sortir les morceaux de viande et les petits oignons du fond de cuisson. Jeter le bouquet garni.
- Passer le fond de cuisson au chinois fin. Laver la marmite.
- Remettre la cocotte sur le feu. Avec le beurre et la farine, faire un roux blanc en suivant la recette décrite à la page 294.
- Couper chaque fond d'artichaut en 5 ou 6 escalopes sur le travers.

204

- Mouiller avec 420 à 500 ml (14 à 16 oz) de fond de cuisson. Lorsque la sauce a la consistance voulue, y ajouter viande et artichauts.
- Cuire à petits bouillons une dizaine de minutes Th 3-4 en remuant régulièrement.
- Délayer 2 jaunes d'oeufs avec la crème à 35 p. 100.
- Retirer du feu. Ne plus faire bouillir. Incorporer les jaunes d'oeufs.

Présentation

Verser la blanquette de faisan dans un plat creux et servir.

Faisan à la broche

Cette recette, pour ceux qui possèdent une rôtissoire ou un four avec tournebroche, permet de redécouvrir un mode de cuisson oublié, sauf pour le célèbre poulet barbecue. Les faisans tués sur les fermes d'élevage sont jeunes, tendres et se prêtent parfaitement à ce genre de cuisson. Choisir de préférence des poules faisanes bien grasses.

Pour 4 personnes
Préparation: 20 min
Cuisson: 45 à 50 min

Ingrédients

2 jeunes poules faisanes vieillies 3 jours
30 ml (1 oz) d'huile
1 branche de thym frais
90 ml (3 oz) de vin blanc

Mise en place

- Au retour de la chasse, vider les oiseaux. Réserver les foies pour une terrine ou la salade d'automne aux foies sauvages (page 196).
- Laisser mortifier les faisanes 3 jours dans un endroit frais, pendues par le cou.
- Préchauffer le four à 190 °C (375 °F).
- Plumer, flamber le gibier, saler intérieur et extérieur, brider.
- Embrocher les oiseaux. Les badigeonner à l'aide d'un pinceau, d'une bonne couche d'huile.

Cuisson

- Enfourner. Placer une lèchefrite sous les faisanes pour

recueillir le jus de cuisson. Mettre le tournebroche en marche.

- De temps en temps, à l'aide du pinceau, badigeonner les oiseaux avec un peu d'huile.
- À mi-cuisson, déposer dans la lèchefrite, la branche de thym. Pour badigeonner les oiseaux, ne plus ajouter d'huile, se servir du jus tombé dans le plat.

Jus

Le temps de cuisson étant écoulé, retirer les oiseaux du four, débrider, déposer dans un plat de service. Déglacer la lèchefrite avec le vin blanc. Le vin va bouillir immédiatement. Ne pas le laisser réduire. Verser dans une saucière sans attendre.

Présentation

Déposer le plat sur la table accompagné de la saucière de jus. Découper les faisans devant les convives.

Casserole de gélinottes aux pommes

La perdrix hongroise se chasse aux champs dans la plaine de Montréal. Ce jour-là, j'avais fait ma ronde du côté de Rougemont. En plus des perdrix, j'avais ramassé quelques pommes oubliées dans les vergers. Marier les deux, il n'y avait qu'un pas. J'ai donc pensé donner à la gélinotte plus commune le parfum des vergers.

Pour 4 personnes
Préparation: 35 min
Cuisson: 40 min

Ingrédients

3 gélinottes tuées la veille
3 pommes
1 citron
240 ml (8 oz) de cidre
480 ml (16 oz) de fond de gibier ou bouillon de volaille
480 ml (16 oz) d'eau
100 g (3 oz) de crème à 35 p. 100
1 oignon coupé en dés
1 bouquet garni (4 brins de persil, 1 brin de thym, 1 feuille de laurier)
100 g (3 oz) de champignons blancs
3 c. à soupe (3 c. à table) de beurre
1 c. à soupe (1 c. à table) d'huile
3 c. à soupe (3 c. à table) de farine
8 c. à soupe (8 c. à table) de sucre
Sel et poivre au goût

Mise en place

- Au retour de la chasse, vider les gélinottes, réserver les foies pour un pâté. Mettre au frais 2 heures.
- Préparer le fond de gibier (ou sortir du congélateur 2 sacs de 240 ml (8 oz) en suivant la recette décrite à la page **283**.
- Plumer, flamber les oiseaux. Les découper en 6 sans retirer les os.
- Éplucher l'oignon, détailler en dés.
- Faire le bouquet garni.

Cuisson

- Dans une cocotte, faire chauffer Th 9 le beurre et l'huile.
- Faire colorer les morceaux de viande et l'oignon en dés. Réduire la chaleur Th 3-4. Ajouter la farine en remuant doucement sans faire prendre couleur.
- Mouiller avec le fond de gibier ou le bouillon de volaille et le cidre.
- Faire prendre ébullition Th maximum, réduire le feu Th 6, écumer à l'aide d'une louche les impuretés de surface. Ajouter le bouquet garni. Saler, poivrer.
- Conduire la cuisson environ 40 minutes à couvert en maintenant un petit feu. Remuer de temps en temps.
  Pendant la cuisson du gibier, pocher les pommes.
- Dans une casserole, verser 480 ml (16 oz) d'eau, ajouter le sucre. Porter à ébullition et cuire 3 à 4 minutes, réduire le feu Th 3-4.
- Peler les pommes, retirer le coeur, les couper en 6 ou 8 quartiers.
- Frotter les morceaux de pommes avec le citron.
- Faire pocher rapidement les quartiers de pommes dans l'eau sucrée, les garder croquants. Réserver au chaud.
- Émincer les champignons, les laver, les égoutter.

- Le temps de cuisson des gélinottes étant écoulé, retirer le bouquet garni, ajouter les champignons émincés, 100 g (3 oz) de crème à 35 p. 100. Th 3-4, poursuivre la cuisson 5 minutes. Rectifier l'assaisonnement, ne plus faire bouillir.
- Égoutter les quartiers de pommes.

Présentation

Sur le fond de 4 assiettes, répartir les quartiers de pommes, déposer dessus les morceaux de gélinottes. Napper avec la sauce aux champignons et servir.

Chaussons de gélinottes au madère

Le suprême de gélinotte en chemise de pâte feuilletée est une recette plus facile à réaliser qu'il n'y paraît. Il est des jours où le temps maussade n'invite pas à sortir. Profitez-en pour convier vos amis et les surprendre avec ce chausson de fine cuisine.

Pour 4 personnes
Préparation: 1 h
Cuisson: 22 à 25 min

Ingrédients

2 gélinottes tuées de la veille
420 à 480 g (14 à 16 oz) de pâte feuilletée (achetée dans le commerce)
120 g (4 oz) de champignons blancs
100 g (3 oz) de crème à 35 p. 100
60 ml (2 oz) de madère ou de porto
3 c. à soupe (3 c. à table) de beurre
1 c. à soupe (1 c. à table) d'huile
1 jaune d'oeuf
240 ml (8 oz) de fumet de gibier
1 c. soupe (1 c. à table) d'échalote séchée hachée
Sel et poivre au goût

Mise en place

- Au retour de la chasse, les gélinottes ont été vidées, les foies réservés.
- Dépouiller complètement les oiseaux. Lever les poitrines en suivant les explications données dans les planches photos des pages 15 et 16. Les réserver dans une assiette, garder les os pour le fumet.

211

- Désosser et dénerver les pattes. Réserver les chairs pour la farce. Garder les os pour le fumet.
- Préparer un fond de gibier de 240 ml (8 oz) avec les os concassés en suivant la recette donnée à la page 283.
- Peler et hacher l'échalote.
- Nettoyer et laver les champignons, les égoutter.

Farce

- Passer 2 fois au hache-viande, grille fine, la chair des cuisses et les champignons.
- Ajouter l'échalote hachée et la crème. Saler, poivrer. Bien mélanger pour rendre l'appareil homogène.

Préparation des suprêmes en chausson

- Préchauffer le four à 160 °C (325 °F).
- Dans une poêle, faire chauffer le beurre et l'huile.
- Saler, poivrer les poitrines, les déposer dans le gras fumant. Colorer également les 2 côtés. Laisser reposer et tiédir sur une assiette.
- Étendre au rouleau la pâte feuilletée pour obtenir une couche uniforme de 2 à 3 seizièmes de pouce d'épaisseur.
- Y découper 4 cercles de 13 à 15 cm (5 1/2 à 6 po) de diamètre.
- Déposer 1 c. à soupe (1 c. à table) de farce sur une partie du cercle.
- Couper en deux les suprêmes dans le sens de la longueur, déposer 1 tranche sur la farce, mettre dessus un peu d'appareil, recouvrir avec une autre tranche de poitrine.
- Battre le jaune d'oeuf avec un peu de lait.
- À l'aide d'un pinceau, badigeonner au jaune d'oeuf la pâte autour des suprêmes. Rabattre la moitié du feuilletage restée libre sur la poitrine. Presser fortement les bords pour souder.

- Passer le dessus des chaussons au jaune d'oeuf. Déposer sur une plaque à pâtisserie préalablement beurrée.
- Faire un petit trou sur le dessus des chaussons pour permettre l'évaporation.
- Enfourner à four chaud. Cuire 20 à 25 minutes.

Jus au madère

- Après avoir obtenu environ 240 ml (8 oz) de fond, le passer au chinois dans une casserole en pressant fortement les carcasses pour en exprimer tout le jus.
- Mettre la casserole sur le feu, porter à ébullition, réduire de moitié. Ajouter le madère. Saler, poivrer, laisser bouillir 30 secondes.

Présentation

Sortir les chaussons du four, les déposer sur une assiette, verser la sauce en saucière. Servir.

Poitrine d'oie blanche en chemise de poivre

Les recettes sont souvent dues au hasard. La journée avait été froide, les oies ne volaient pas. Le soir venu, mon copain et moi avions décidé pour nous remonter le moral descendu au plus bas, de nous offrir une bonne bouffe.

Dans le calme chaud de l'auberge, nous avons jeté notre dévolu sur un steak au poivre. Et mon copain de dire: «Pourquoi ne pas le faire avec une oie?» Nous dûmes attendre l'année suivante pour le réaliser puisque notre voyage fut blanc comme les oies qui passaient par voiliers impressionnants au-delà de notre portée de tir.

Il est préférable d'employer pour cette recette des oies de l'année, à chair tendre.

Pour 4 personnes
Préparation: 45 min
Cuisson: 18 min

Ingrédients

2 oies blanches vieillies de 2 jours
6 c. à soupe (6 c. à table) de poivre blanc
4 c. à soupe (4 c. à table) d'huile
2 c. à soupe (2 c. à table) de beurre
120 ml (4 oz) de vin blanc
30 ml (1 oz) de brandy
180 ml (6 oz) de fond de gibier légèrement lié
300 g (10 oz) de crème fraîche
Sel

Mise en place

- Au retour de la chasse, vider les oies. Réserver les foies et les coeurs pour un pâté. Mettre les oies à vieillir 2 jours dans un endroit frais.

- Dépouiller complètement les oies, réserver les cuisses pour un civet de pattes.
- Lever les suprêmes en suivant la méthode décrite dans les planches photos. Vous servir des os pour faire le fond.
- Faire rapidement un petit fond de gibier en suivant la recette décrite à la page 283.
- Écraser le poivre en grains à l'aide d'un rouleau à pâtisserie. Chauffer le four à 190°C (375°F).

Cuisson des poitrines

- Dans une assiette, verser 2 c. à soupe (2 c. à table) d'huile.
- Saler les poitrines, les déposer dans l'assiette pour les imprégner.
- Les enduire de poivre écrasé. Réserver sur une assiette.
- Dans une sauteuse, faire chauffer Th maximum 2 c. à soupe (2 c. à table) d'huile.
- Déposer les poitrines dans le gras de cuisson très chaud. Faire revenir 1 minute de chaque côté.
- Mettre au four chaud, cuire 14 à 16 minutes.
- Après cuisson des poitrines, les retirer et réserver à four tiède dans un plat sous un papier d'aluminium. Cette opération détend les chairs.

Sauce

- Retirer le gras de cuisson de la sauteuse. La mettre sur le feu Th 8.
- Déglacer la sauteuse avec le brandy, ajouter le vin blanc, réduire à 60 ml (2 oz).
- Verser le fond de gibier dans la sauteuse, faire bouillir 5 minutes.

- Ajouter la crème, réduire le feu Th 4-5 et conduire la cuisson pour obtenir environ 240 ml (8 oz).

Présentation

Sortir les poitrines du four, les déposer sur la table de travail. Ajouter le jus de repos formé dans le plat d'attente. Escaloper les poitrines, les dresser sur des assiettes chaudes. Verser la sauce chaude sur la viande et servir.

Escalopes d'oie blanche au gratin de poireau

Revenant d'une chasse à la sauvagine sur l'île d'Orléans, j'ai remarqué de belles bottes de poireaux chez les maraîchers. L'idée m'est alors venue d'associer l'oie et le poireau. Le résultat en est concluant, les deux saveurs s'allient à merveille. Cette recette convient également aux jeunes outardes.

Pour 4 personnes
Préparation: 45 min
Cuisson: 1 min

Ingrédients

1 oie blanche ou outarde vieillie 2 jours
4 gros poireaux
2 c. à soupe (2 c. à table) de beurre
1 c. à soupe (1 c. à table) d'huile
90 ml (3 oz) de vin blanc
1 c. à café (1 c. à thé) de gelée de framboises
150 g (5 oz) de fromage gruyère râpé

Béchamel:

1 1/3 c. à soupe (1 1/3 c. à table) de beurre
2 c. à soupe (2 c. à table) de farine
240 ml (8 oz) de lait
Sel et poivre au goût

Mise en place

- Au retour de la chasse, vider l'oie. Réserver le foie et le coeur pour un pâté. Mortifier pendant 2 jours dans un endroit frais.

217

- Dépouiller l'oie, réserver les pattes pour un civet.
- Lever les suprêmes en suivant la méthode décrite dans les planches photos des pages 15 et 16.
- Détailler les poitrines en escalopes dans le sens de la longueur.
- À l'aide d'un gros couteau, aplatir les escalopes sans écraser les chairs.
- Éplucher les poireaux. Jeter le vert, fendre le blanc en deux, laver, ficeler 2 par 2 pour les cuire à l'eau salée.

Gratin de poireaux

- Préparer une béchamel classique (beurre, farine, lait).
- Après cuisson des poireaux, les égoutter complètement, retirer la ficelle.
- Dans un plat à gratin préalablement beurré, coucher les poireaux sans les chevaucher. Napper avec la béchamel chaude.
- Saupoudrer le fromage râpé sur la sauce, faire gratiner.

Cuisson des escalopes

- Dans une poêle en téflon, chauffer Th 9, 2 c. à soupe (2 c. à table) de beurre et 1 c. à soupe (1 c. à table) d'huile.
- Lorsque le gras fume légèrement, y déposer les escalopes salées et poivrées.
- Cuire rapidement, à peine 30 secondes de chaque côté. Réserver au chaud dans un plat.

Jus des escalopes

- Jeter le gras de cuisson, déglacer la sauce avec le vin blanc. Réduire de moitié à feu vif Th 8-9.
- Ajouter la gelée de framboises. Remuer vivement avec un fouet. Couper le feu, ne plus faire bouillir.

Présentation

Dans de grandes assiettes chaudes, disposer à raison de 5 par assiette, les escalopes d'oie. Ajouter au jus de la poêle celui formé dans le plat où ont été réservées les escalopes. Mélanger, verser ce jus à la petite cuillère sur les escalopes. Garnir chaque assiette d'un poireau gratiné et servir.

Sarcelles au parfum de framboises

Les sarcelles à ailes bleues ou à ailes vertes sont les plus tendres de tous nos canards de marais. Leur chair délicate et fine ne demande guère plus d'une douzaine de minutes de cuisson. Dans la même catégorie, je classe le canard branchu avec quand même un degré moindre de finesse. Chassés par les premières gelées, les sarcelles prennent rapidement la route du Sud et n'agrémentent régulièrement nos tableaux de chasse guère plus de trois semaines.

Le temps de cuisson au four de ces trois petits canards varie surtout chez les jeunes de l'année.

Sarcelles à ailes bleues: 8 à 10 min
Sarcelles à ailes vertes: 10 à 12 min
Canard branchu: 12 à 14 min

Pour 2 personnes
Préparation: 50 min
Cuisson: Canards: 8 à 14 min
Sauce: 15 min

Ingrédients

3 sarcelles tuées de 2 jours
3 c. à soupe (3 c. à table) de beurre
1 c. à soupe (1 c. à table) d'huile
60 ml (2 oz) de vin blanc sec
300 ml (10 oz) d'eau
1 oignon moyen en brunoise
3 branches de persil
6 grains de poivre noir
1 c. à soupe (1 c. à table) de gelée ou confiture de framboises
Sel et poivre au goût

Mise en place

- Préparer les sarcelles vidées après la chasse, pour la cuisson. Elles auront été mortifiées pendant 48 heures.
- Plumer, flamber, saler et poivrer intérieur et extérieur. Brider les oiseaux.
- Préchauffer le four à 160°C (325°F).
- Hacher l'oignon en brunoise, réserver.

Cuisson des sarcelles

- Dans une cocotte en fonte, faire chauffer 1 c. à soupe (1 c. à table) de beurre et 1 c. à soupe (1 c. à table) d'huile Th 8-9. Colorer rapidement les sarcelles de chaque côté. Les placer sur le dos et mettre la cocotte au four. Cuire 10 à 12 minutes suivant la grosseur du gibier.

Sauce

- Le temps de cuisson écoulé, laisser tiédir les oiseaux pendant 15 minutes.
- Une fois tièdes, les débrider, les couper en deux. Retirer les os de la poitrine et du dos. Réserver les chairs à four tiède sous un papier d'aluminium.
- À l'aide d'un gros couteau, hacher grossièrement les carcasses.
- Remettre la marmite sur le feu Th 8. Ajouter l'oignon haché en brunoise. Faire prendre couleur.
- Retirer le gras de cuisson. Déglacer au vin blanc, remuer avec une cuillère de bois pour décoller les sucs, finir de mouiller avec 300 ml (10 oz) d'eau.
- Ajouter les os grossièrement hachés, les 3 branches de persil et les 6 grains de poivre noir.
- Faire prendre ébullition Th maximum. Réduire le feu Th 6-7. Conduire la cuisson à découvert pour obtenir une réduction de fumet de 120 ml (4 oz).
- Après réduction du fumet, le passer au chinois fin. À

l'aide d'une louche, presser fortement les carcasses pour en exprimer tout le jus.
- Faire prendre à nouveau ébullition très douce Th 3-4.
- Ajouter 1 c. à soupe (1 c. à table) de gelée ou confiture de framboises. Donner quelques bouillons et retirer du feu.
- Faire fondre dans la sauce 1 c. à café (1 c. à thé) de beurre pour la lustrer. Saler, poivrer et réserver au chaud.

Présentation

Dans deux grandes assiettes chaudes, dresser 3 demi-sarcelles par assiette. Napper le gibier de quelques cuillerées de sauce et servir.

Soupe à l'aile de tétras des savanes

Le tétras des savanes ne possède pas le goût raffiné de la gélinotte. C'est un peu ma poule à bouillir par comparaison au poulet de grain. Je lui réserve des modes de cuisson moins précieux. Je le passe en soupe, en civet dans les haricots. Sa chair brune et tendre n'est pas pour autant à dédaigner surtout chez les sujets de première année. Ils ne possèdent pas encore le goût marqué des adultes.

Pour 6 personnes
Préparation: 30 min
Cuisson: 3 h 30 min

Ingrédients

2 tétras des savanes
500 ml (2 tasses) de haricots blancs (à fèves au lard)
2 feuilles de laurier
330 ml (1 1/3 tasse) d'oignons en brunoise
3 litres (12 tasses) d'eau
Sel et poivre au goût

Mise en place

- Faire tremper pendant 2 heures les haricots blancs.
- Vider et dépouiller les 2 tétras.
- Séparer la poitrine des cuisses. Ne pas désosser. Réserver le coffre pour la soupe. Garder les pattes pour un ragoût.

Préparation

- Dans un fait-tout ou pot-au-feu, mettre à cuire les haricots dans 3 litres (12 tasses) d'eau.

- Ajouter 2 feuilles de laurier. Saler, poivrer, cuire 2 heures Th 6 à couvert.
- Après 2 heures de cuisson, ajouter les oignons et les 2 tétras.
- Poursuivre l'ébullition pendant 35 minutes, toujours à couvert.
- Retirer les poitrines. Laisser se poursuivre la cuisson des haricots. Ils doivent éclater pour lier la soupe.
- Ajouter 250 ou 500 ml (1 ou 2 tasses) d'eau si l'évaporation a été trop importante. Il doit toujours y avoir dans la marmite, après évaporation, un volume égal à 2 litres.
- Désosser les poitrines une fois refroidies, pour obtenir 4 suprêmes.
- Inutile de garder les os pour le reste de la recette.
- Couper les suprêmes en brunoise et réserver.
- 30 minutes avant la fin de la cuisson, ajouter les petits cubes de tétras à la soupe.
- À ce stade de la cuisson, il n'est plus nécessaire d'ajouter d'eau. L'évaporation vous conduira lentement au 1 1/2 litre (6 tasses) nécessaire pour 6 convives.
- Laisser cuire doucement Th 4 pour obtenir une cuisson totale de 3 h 30 minutes.

Présentation

Verser le potage chaud dans une soupière. Déposer fumant sur la table devant les convives.

Pour accompagner cette soupe, j'aime servir de larges tranches de pain de campagne tartinées avec du beurre salé.

Tétras aux haricots du lac Hôtel

Un jour où, par bêtise, j'avais oublié sur le quai d'embarquement de Squaw Lake une caisse d'épicerie, je me retrouvai au camp sans mes ingrédients pour faire mes fèves au lard. Pas question de me priver de «beans» au petit déjeuner; j'avais des oignons, du lard salé, des haricots blancs, quelques tétras tués en arrivant, du sel, du poivre et du Bovril. Je décidai donc de faire une recette à mi-chemin entre le cassoulet toulousain et les fèves au lard. Le résultat ne fut pas désagréable. Demandez donc à Gilles Richard qui passa son temps dans ma marmite.

Pour 6 personnes
Préparation: 8 h
Cuisson: 3 h

Ingrédients

500 g (1 lb) de haricots blancs
3 lagopèdes ou tétras
2 oignons moyens
240 à 300 g (8 à 10 oz) de lard salé
2 c. à soupe (2 c. à table) de Bovril
Sel et poivre au goût

Mise en place

- Faire tremper les haricots blancs de 3 à 4 heures.
- Plumer ou dépouiller les oiseaux.
- Découper chaque volatile en 6 morceaux.
- Détailler le lard salé en petits cubes.
- Hacher grossièrement les oignons.

Cuisson

- Dans une marmite, faire revenir le lard, ajouter oignons et gibier, faire colorer à feu doux environ 5 minutes.
- Égoutter les haricots, réunir le tout dans le chaudron. Pour la cuisson, 3 fois de volume en eau est nécessaire pour mener à bien l'opération. Ajouter Bovril, sel et poivre, et couvrir.
- La cuisson doit être lente, environ 3 heures à petits bouillons.
- Si votre cuisson est trop rapide, il vous faudra ajouter de l'eau. Cette cuisine facile se fait très bien sur un réchaud à gaz. Il n'est pas nécessaire de posséder un four pour réussir ce plat délicieux. Si vous ne rencontrez pas de galliforme, du caribou fera un excellent substitut.

Le tétras des savanes et les lagopèdes

Lors de nos voyages de chasse au caribou, nous avons la chance de récolter trois espèces de gibier à plumes. Ces trois galliformes sont: le tétras des savanes, le lagopède des saules et le lagopède des rochers. Ces deux derniers fréquentent les zones les plus septentrionales de nos expéditions.

Le premier galliforme que nous rencontrons est le tétras des savanes, appelé souvent à tort perdrix noire. Ce n'est pas un inconnu, nous le rencontrons régulièrement dans les forêts de conifères au nord du Saint-Laurent. Je fais souvent ma limite de ce gibier, sur les chemins forestiers de Parent. Presque tout de noir vêtu, marqué de raies blanches sur les flancs et la poitrine, le dos gris rayé de noir, son identification est facile. Nous le rencontrons dans les zones de chasse où la végétation est abondante, composée en majorité par le mélèze d'Amérique et l'épinette noire; c'est un habitant de la taïga.

Ses cousins les lagopèdes ne fréquentent pas les mêmes garde-manger. En septembre, ces oiseaux sont en mue d'automne, entre deux plumages, entre le blanc et le roux. Ces deux oiseaux, nous les rencontrons dans la toundra, plus haut que la limite de la forêt, sur les collines où croissent le bouleau nain et le bleuet chétif. Grâce à son mimétisme, son absence de crainte, le lagopède décolle à nos pieds. Son plumage d'automne est magnifique. Son ventre presque blanc, ses côtés où se mêlent le roux, le marron et quelques plumes blanches, forment une extraordinaire palette de couleurs. Son dos ressemble à celui de la gélinotte. Son oeil, comme celui du tétras, est couronné d'une lisière rouge.

Il est évident que tous ces gibiers ne sont pas farouches. Combien de fois en avez-vous vu? Pas souvent n'est-ce pas! Pourtant ils sont là, cachés au creux des rochers, tapis sous les épinettes rabougries. Ils vous regardent passer sans bouger. Le fin du fin dans cette chasse, c'est de les découvrir. Je vous souhaite de tomber sur une volée de lagopèdes en migration. Cela m'est arrivé il y a quatre ans dans la région de la Georges: le délire... Si je n'avais pas été respectueux de la limite, j'aurais pu coucher une trentaine d'individus. Je dois avouer que je préfère la chair des lagopèdes aux tétras.

Lièvre aux olives à la façon de Pierre Ringuet

Pierre Ringuet, c'est le musicien chasseur, le copain de chasse au canard. Ce gars-là possède un sens de l'orientation peu commun. Un matin où nous avions décidé de chasser le canard au niveau de Contrecoeur, la brume était à couper au couteau. Un brouillard épais recouvrait le Saint-Laurent. J'étais découragé, une journée de perdue!... À ma grande surprise, Pierre décida de lever l'ancre. À peine avions-nous quitté le débarcadère que le Saint-Laurent nous emmitoufla de son manteau d'ouate. La navigation aveugle dura une vingtaine de minutes.

Dans l'aube blafarde, la cache surgit. Elle paraissait énorme dans ce monde sans repère. Depuis ce jour, je me demande encore si Pierre Ringuet n'est pas un Viking.

Pour 4 personnes
Préparation: 25 min
Cuisson: 1 h

Ingrédients

1 lièvre
3 c. à soupe (3 c. à table) d'huile d'olive
1 c. à café (1 c. à thé) de poivre moulu
1 c. à café (1 c. à thé) de romarin frais haché
6 échalotes grises émincées
720 ml (34 oz) de vin blanc
1 c. à soupe (1 c. à table) de purée de tomates
240 ml (8 oz) de bouillon de poulet
90 ml (3 oz) d'olives portugaises (calamata) ou
d'olives noires dénoyautées et coupées en deux

1 poignée de persil frais haché
2 gousses d'ail

Mise en place

- Couper le lièvre en morceaux.
- Peler et émincer les échalotes.
- Hacher séparément ail, persil et romarin.
- Délayer le concentré de tomates dans le bouillon de poulet.

Cuisson du lièvre

- Dans une grande poêle à fond épais, chauffer l'huile, le poivre et le romarin.
- Déposer les morceaux de lièvre dans l'huile chaude aromatisée.
- Ajouter les échalotes émincées, colorer pendant environ 10 minutes.
- Quand les viandes sont bien rissolées, verser lentement le vin et cuire 1 minute.
- Ajouter l'ail et le persil hachés, les olives, le bouillon de poulet et la tomate.
- Faire prendre ébullition Th maximum. Baisser le feu, laisser mijoter pendant 1 heure en remuant le plus souvent possible.

Présentation

Verser le contenu de la poêle dans un plat creux de service et présenter fumant devant les convives.

Lièvre comme à Chabris

Je classe les lièvres en deux catégories: ceux des boisés touffus dépourvus de conifères et ceux qui vivent dans les forêts de résineux.

La chair des lièvres vivant et se nourrissant dans les forêts de conifères a le goût du sapinage. Ceux-là doivent être absolument marinés pour atténuer ce goût désagréable.

Pour cette recette, choisir un lièvre des bois francs.

Pour 4 personnes
Préparation: 20 min
Cuisson: 1 h 15 min

Ingrédients

1 lièvre tué du jour
1 oignon en brunoise
1 bouquet garni (3 brins de persil, 1 feuille de laurier, 1 branche de thym)
3 c. à soupe (3 c. à table) d'huile
3 c. à soupe (3 c. à table) de farine
1 bouteille de sauvignon (vin blanc sec)
2 litres (8 tasses) d'eau
500 ml (2 tasses) de fond de gibier (voir recette à la page 283) ou de bouillon de boeuf
2 c. à soupe (2 c. à table) de beurre
Sel et poivre au goût

Mise en place

- Au retour de la chasse, dépouiller et vider le gibier. Réserver le foie sur une assiette.
- Découper le lièvre en 12 morceaux.
- Préparer le bouquet garni.
- Peler l'oignon, le tailler en brunoise.

Cuisson du lièvre

- Dans une cocotte, chauffer l'huile Th maximum.
- Jeter les morceaux de lièvre dans l'huile brûlante, colorer rapidement.
- Réduire le feu Th 3-4. Saupoudrer la viande avec la farine, cuire 3 à 4 minutes.
- Mouiller le lièvre avec le vin blanc et le fond de gibier ou le bouillon de boeuf.
- Faire prendre ébullition Th maximum, réduire le feu Th 7-8.
- À l'aide d'une louche, écumer les mousses qui se forment en surface.
- Saler, poivrer, ajouter le bouquet garni, couvrir.
- Conduire la cuisson à petits bouillons Th 3-4 environ 1 h 15 min. Augmenter le temps de cuisson si le lièvre n'est pas de première jeunesse.
- Ajouter le foie coupé en petits dés 2 minutes avant la fin de la cuisson.

Présentation

Retirer les morceaux de lièvre de la marmite. Les déposer dans un plat creux de service. Jeter le bouquet garni. Incorporer le beurre à la sauce pour la lustrer et l'affiner. Verser sur le lièvre et servir.

Marmite de lièvre en gibelotte

Cette recette, nous l'appelons aussi la marmite de lièvre au lièvre. Toute simple, sans vin ni fumet, cuite seulement avec des légumes. En gibelotte quoi!

Pour 4 personnes
Marinage: 2 jours
Préparation: 35 min
Cuisson: 1 h 20 min

Ingrédients

1 gros lièvre adulte

Garniture:

3 carottes
2 navets blancs
1 branche de céleri
1 blanc de poireau
3 pommes de terre
1 1/2 litre (6 tasses) d'eau tiède
4 c. à soupe (4 c. à table) de farine
3 c. à soupe (3 c. à table) d'huile
1 bouquet garni (3 brins de persil, 1 feuille de laurier, 1 brin de thym)
1 oignon moyen
Sel et poivre au goût

Mise en place

- Au retour de la chasse, dépouiller et vider le lièvre. Réserver le foie et le coeur dans une petite assiette.
- Découper la bête en morceaux.

- Préparer une marinade sèche en suivant la recette expliquée à la page 302. Y mêler les morceaux de lièvre, le foie et le coeur. Garder au frais 48 heures. Retourner de temps en temps.
- Éplucher les légumes, les laver. Détailler navets, carottes et pommes de terre en cubes de 3 X 3 cm (1 X 1 po). Réserver les pommes de terre à part. Tronçonner le blanc de poireau en rondelles de 2 cm (3/4 po). Réserver à part.
- Préparer le bouquet garni.

Cuisson de la gibelotte

- À l'aide d'une fourchette, retirer un à un les morceaux de lièvre. Jeter la marinade.
- Dans une marmite, faire chauffer l'huile Th maximum. Y faire colorer la viande rapidement. Réduire le feu Th 5 après coloration.
- Saupoudrer les morceaux avec la farine. Faire revenir 3 à 4 minutes.
- Ajouter carottes, oignons, navets et céleri. Mouiller immédiatement avec l'eau tiède.
- Faire prendre ébullition Th maximum. Réduire le feu, à l'aide d'une louche, écumer les mousses qui se forment à la surface. Saler, poivrer, ajouter le bouquet garni.
- Réduire la chaleur Th 5-6. Conduire la cuisson à couvert environ 1 h 15 suivant l'âge du lièvre. Certains doivent bouillir pendant plus de 2 heures. Il vous faudra dans ce cas ajouter un peu d'eau en cours de cuisson.
- 20 minutes avant la fin de la cuisson, ajouter les pommes de terre et le poireau.

Présentation

Après cuisson, retirer le bouquet garni et la graisse de surface. Déposer la gibelotte sur la table dans la marmite de cuisson.

Râble de lièvre à la gelée de groseilles

Le râble est la partie du lièvre qui s'étend des côtes aux cuisses. Lorsqu'au jardin, l'été, je cueille les groseilles, j'ai déjà en tête l'odeur mouillée des sous-bois d'automne. Je confectionne ma gelée de groseilles en pensant au parfum de lièvre marinant dans un bourgogne.

Pour 4 personnes
Marinage: 48 h
Préparation: 20 min
Cuisson: 15 min

Ingrédients

2 jeunes lièvres de l'année (impératif)
1 litre (4 tasses) de marinade au vin rouge
2 c. à soupe (2 c. à table) d'huile
2 c. à soupe (2 c. à table) de beurre manié
100 g (3 oz) de crème à 35 p. 100
2 c. à café (2 c. à thé) de gelée de groseilles
120 g (4 oz) de lard gras
Sel et poivre au goût

Mise en place

- Au retour de la chasse, dépouiller et vider les 2 levrauts.
- Lever les râbles. Réserver les pattes avant et les foies pour une terrine. Les cuisses seront préparées en civet.
- Préparer une marinade crue en suivant la recette décrite à la page 300.
- Le marinage doit durer 48 heures. Il est à conseiller de retourner le râble toutes les 8 heures.

235

Cuisson des râbles

- Égoutter les râbles et les éponger dans un linge sec pour les assécher complètement.
- Piquer les râbles de petits morceaux de lard. Saler, poivrer.
- Chauffer le four à 200°C (400°F).
- Badigeonner les râbles avec l'huile, les placer dans un plat de juste grandeur.
- Les rôtir à four vif 12 à 15 minutes.
- Après cuisson, réduire le four au minimum. Couvrir les râbles avec un papier d'aluminium. Tenir au chaud jusqu'au moment de servir.

Sauce

Pendant la cuisson des levrauts, préparer la sauce.
- Passer la marinade au chinois dans une casserole. Faire prendre ébullition Th maximum. Réduire le feu Th 6. Réduire pour obtenir 300 ml (10 oz) de bouillon.
- Une fois réduite, lier la marinade cuite en incorporant au fouet le beurre manié par petites quantités (voir pages 296 à 299) sur feu doux Th 3-4. Fouetter vigoureusement pour éviter les grumeaux.
- Ajouter la crème à 35 p. 100, poursuivre l'ébullition douce 2 à 3 minutes. Couper le feu. Saler, poivrer.
- Incorporer la gelée de groseilles. Réserver au chaud.

Présentation

Sortir les râbles du four, les déposer sur la planche de travail, les désosser. Couper en tranches les filets ainsi obtenus. Incorporer à la sauce le jus de dépôt formé dans le plat d'attente.

Verser 60 ml (2 oz) de sauce dans chaque assiette chaude, y disposer en couronne les médaillons de râble, mettre le reste de sauce dans une saucière. Servir.

Rillettes de lièvre

La recette des rillettes de lièvre peut s'adapter au lapin, au canard et surtout à l'oie blanche ou à l'outarde. Il est préférable de préparer les rillettes 12 heures avant de les servir. Pour réussir les rillettes, le poids de gibier doit être égal au poids de porc.

Préparation: 35 min
Cuisson: 2 h 30 min

Ingrédients

900 g (2 lb) de chair de lièvre
900 g (2 lb) de porc gras (gorge)
1 gros oignon
300 ml (10 oz) de vin blanc
1 bouquet garni (4 brins de persil, 1 brin de thym, 1 feuille de laurier)
Sel et poivre

Mise en place

- Au retour de la chasse, dépouiller et vider le lièvre. Réserver le foie pour un pâté.
- Désosser le gibier. Couper la chair en petits cubes de 2 cm (1 po) de côté.
- Retirer la couenne du porc. Couper la viande en petits cubes de la même grosseur que ceux du lièvre.
- Peler et hacher l'oignon.
- Faire le bouquet garni.

Cuisson

- Dans une cocotte, déposer les cubes de lièvre et de porc et l'oignon haché.
- Mouiller avec le vin blanc, couvrir largement d'eau froide et ajouter le bouquet garni. Saler et poivrer.

- Porter à ébullition Th maximum. Réduire le feu Th 2. Conduire la cuisson 2 h 30 min à découvert pour obtenir une évaporation complète sans toutefois dessécher.
- Le temps de cuisson écoulé, retirer le bouquet garni.
- À chaud à l'aide d'une fourchette, réduire les viandes en purée.

Présentation

Verser les rillettes dans une terrine ou des ramequins. Mettre au réfrigérateur environ 12 heures.

Servir avec des tranches de pain grillé ou un pain de campagne frais.

Côtelettes de sanglier au genièvre

Le sanglier n'est pas indigène à nos contrées. Nous ne risquons donc pas de rencontrer au détour d'un sentier, une laie et ses marcassins dans les forêts de Mont-Laurier. Comme le faisan, nous pouvons le chasser dans les fermes de chasse où il est élevé en enclos. Les jeunes de l'année, dits «bêtes rousses», sont le gibier à tirer. En vieillissant, le sanglier devient coriace et demande un long marinage.

Pour 4 personnes
Préparation: 1 h
Cuisson: 4 min
Marinage: 10 à 12 h

Ingrédients

12 côtelettes de sanglier
750 ml (3 tasses) de marinade (1 bouteille de vin)
2 c. à soupe (2 c. à table) de beurre
2 c. à soupe (2 c. à table) d'huile
8 grains de genièvre
1 c. à café (1 c. à thé) de gelée de groseilles
   ou de framboises
2 c. à soupe (2 c. à table) de beurre manié
125 g (4 oz) de crème à 35 p. 100
4 fonds d'artichauts
4 c. à soupe (4 c. à table) de purée de marrons
Sel et poivre au goût

Mise en place

- Préparer des côtelettes de sanglier en suivant la méthode expliquée pour les côtelettes de caribou au morgon (page 254).

- Préparer une marinade crue en suivant la recette décrite à la page 300. Y faire mariner les côtelettes 10 à 12 heures.
- Préparer des fonds d'artichauts en suivant la méthode de préparation et de cuisson expliquée dans la blanquette de faisan aux artichauts (page 203). Les garder entiers. Ils servent à présenter la purée de marrons.

Sauce et cuisson des côtelettes

- Dans une casserole, faire réduire pour obtenir 360 ml (12 oz) de fond, la marinade et ses légumes à feu moyen Th 6-7. Écumer les mousses de surface.
- La réduction étant obtenue, passer le fond au chinois en pressant les légumes avec une louche pour en exprimer tout le jus. Réserver au chaud.
- Dans une sauteuse ou une poêle épaisse, faire chauffer 2 c. à soupe (2 c. à table) de beurre et 1 c. à soupe (1 c. à table) d'huile Th 9.
- Saler, poivrer les côtelettes égouttées et asséchées. Cuire à feu vif pour les amener à la cuisson voulue. Il est préférable de les garder saignantes puisqu'elles doivent séjourner au chaud le temps de faire la sauce.
- Retirer les côtelettes de la sauteuse sans les piquer. Réserver au chaud sous un papier d'aluminium.
- Jeter le gras de cuisson. Remettre sur le feu Th 8. Verser le fond réservé dans la sauteuse.

LÉGENDES DES PHOTOS

Soupe de touladi du lac Hôtel (page 81).
Escalopes de chevreuil aux poires (page 267).
Brioches de foies de canard au madère (page 180).
Navarin de caribou aux petits légumes (page 259).

- Réduire à 240 ml (8 oz). Ajouter la crème à 35 p. 100, cuire 5 minutes à feu moyen. Saler, poivrer. Ajouter les grains de genièvre broyés.
- Passer à nouveau au chinois très fin pour éliminer le genièvre. Verser dans la sauce le jus des côtelettes en attente. Ajouter la gelée de groseilles ou de framboises.
- Égoutter les artichauts et chauffer doucement la purée de marrons, en garnir les fonds.

Présentation

Dresser les côtelettes 3 par 3 dans de grandes assiettes chaudes. Napper avec la sauce chaude. Mettre le reste en saucière. Garnir avec un fond d'artichaut et servir.

Protégez votre caribou

Pour de nombreux chasseurs, 1984 fut un désastre. Une température estivale enveloppait le Nouveau-Québec, des 25° à 30° Celsius accablaient les touristes et rendaient difficile la conservation de la viande fin août et début septembre. Ce phénomène n'est pas unique puisqu'en 83, les premiers jours de chasse furent torrides. J'ai vécu les deux expériences. L'année dernière toute ma venaison fut perdue; de ma chasse précédente dans des conditions climatiques identiques, ce ne furent que 5 kilos (une dizaine de livres) qui furent perdus.

Fin août 83, la toundra est écrasée par un soleil de plomb, les gens au camp se promènent torse nu. Un seul sujet de conversation parmi les touristes: la conservation du gibier. Les deux chefs de camp, «Paco» et «Nounours», ne semblent pas inquiets et font la sieste sous un ciel plus mexicain que québécois. Ignorés des bestioles avides de sang, ils rêvent aux femmes «d'en bas». Déjà plusieurs caribous sont tombés sous les coups précis des chasseurs et l'avion ne sera là que dans cinq jours. Pourquoi nos deux «lascars» dorment-ils à poings fermés? La réponse est fort simple. Ils savent ce qu'ils ont fait ce matin, ils savent comment les bêtes éviscérées encore recouvertes de leur peau, fendues sur toute la longueur y compris la cage thoracique, maintenues écartelées par des bouts de bois, sèchent au vent et au soleil. L'effet de ces deux éléments coagule le sang, sèche les chairs et forme une croûte protectrice. Les mouches ne peuvent donc pas y pondre leurs oeufs.

Il n'y a pas de secret dans leur travail. Cinq à six fois par jour ils se rendent sur la petite île où est entreposé le gibier, et là, une à une, ils inspectent les bêtes, surveillant le moindre recoin. Vous remarquerez que les bêtes ne furent pas débitées ni dépouillées. Elles le furent seulement la veille et le jour du départ. Vous remarquerez aussi qu'elles ne furent pas enveloppées dans du coton à fromage, mais seulement séchées au vent. Le coton à fromage fut utilisé uniquement pour protéger la viande lors du grand débitage en quartiers pour la mise en boîte.

Voici donc la marche à suivre: tuez le plus près possible de l'eau pour ne pas avoir à «portager» votre viande en cinq ou six morceaux. Vous n'êtes jamais seul au caribou et ce n'est pas une si grosse bête. Donc travaillez en groupe. Après avoir tué, saignez immédiatement votre bête. Il n'est pas vrai que la balle, si fort soit le calibre, fait le travail pour vous. Ouvrez votre bête de l'anus au sternum, retirez avec précaution panse et boyaux, réservez les abats. Si par malheur vous crevez la panse pendant l'opération, n'employez pas d'eau, essuyez avec de la mousse. Fendez complètement le thorax. Écartez les côtes avec vos mains jusqu'à les faire craquer pour les disjoindre de la colonne vertébrale. Coupez la peau inutile des flancs. Coupez la tête, retirez la trachée artère et l'oesophage. Cette partie est la plus susceptible d'être envahie par les vers. Nettoyez au couteau les chairs où il y a eu l'impact de la balle. Coupez franc, laissez une viande nette. N'enlevez pas la peau, sciez les pattes et faites-vous des poignées en coupant entre l'os et le tendon. Tirez votre bête jusqu'à votre embarcation. Au camp, accrochez votre prise sur une potence, au grand vent, bien ouverte avec des bouts de bois. Asséchez avec des chiffons ou de la mousse. Ne lavez jamais votre viande, une croûte noire se formera et protégera votre gibier. Retirez cette croûte avant consommation. Débitez au dernier moment.

Fin août 84, la toundra est encore écrasée par un soleil de feu. Les gens au camp se promènent torse nu sauf les deux femmes de l'expédition. Le Kaniapiskau c'est pas Saint-Tropez. Dommage... Un seul sujet de conversation parmi les touristes: la conservation du gibier. Les deux chefs de camp dont j'ai oublié le nom, et pour cause, se moquent bien de nos inquiétudes et font ce qu'ils peuvent pour en faire le moins possible. Déjà plusieurs caribous sont touchés sous les coups toujours aussi précis des chasseurs et l'avion ne sera là que dans cinq jours. Vous voyez: même scénario, même angoisse que la première histoire. La chute n'est cependant pas la même.

Une fois abattues et vidées, les bêtes entières furent transportées au campement. Elles furent dépouillées, mises en quartiers, lavées, coton à fromage et tout. Les morceaux de viande bien préparés furent accrochés dans une tente, oui vous avez bien lu «une tente»; il y avait bien en bas sur deux pieds de haut un moustiquaire pour la ventilation. Cette tente était à l'abri du vent sous un soleil de plomb et pour finir le travail, imaginez un feu dans cet abri. Vous riez, vous avez raison. Le chef de camp faisait un feu de mousse pour chasser les mouches et boucaner la viande. Quel désastre! Au bout d'un jour la viande commençait à suer. Une vingtaine de caribous furent entreposés dans cet incubateur, vingt-huit si mes souvenirs sont justes. Imaginez la couleur de la viande après cinq jours; je vous fais grâce du parfum. Je n'ose pas vous raconter la suite; et pourtant j'étais chez un pourvoyeur reconnu. Je ne sais pas qui a dit: «La pourvoirie ne s'improvise pas...» Il avait bougrement raison.

Caribou à la bière

C'est à toi Blake, mon copain l'Indien, que je dédie cette recette. Toi que j'ai trop peu connu, toi qui savais rire et mentir, qui savais raconter la chasse et le Nord, qui savais gagner aux courses. Maintenant tu chasses au pays du Vieil Homme. J'espère que tu ne fais pas hurler les loups, la nuit, à côté de son campement.

Pour 4 personnes
Préparation: 25 min
Cuisson: 2 h

Ingrédients

1,1 kg (2 1/2 lb) de caribou en cubes
3 c. à soupe (3 c. à table) d'huile
250 ml (1 tasse) d'oignon émincé
1 bouquet garni (4 branches de persil, 1 feuille de laurier, 1 brin de thym)
3 c. à soupe (3 c. à table) de farine
1 bouteille de bière de 351 ml (12 oz)
1 litre (4 tasses) de fond de gibier ou de bouillon de boeuf
Sel et poivre au goût

Préparer le fond de gibier en suivant la recette décrite à la page 283. Le temps de cuisson du caribou à la bière doit être prolongé considérablement si le caribou est âgé.

Mise en place

- Dégraisser et dénerver un morceau d'épaule. Couper la viande en morceaux, 6 à 7 par convive.
- Éplucher l'oignon, l'émincer.
- Faire le bouquet garni.

Cuisson

- Dans une cocotte, faire chauffer l'huile Th maximum. Colorer les cubes de viande en plusieurs fois, cela évite de trop refroidir l'huile, empêche la viande de bouillir et permet de colorer également toutes les faces.
- Après coloration, mettre tous les cubes de viande dans la cocotte, réduire le feu Th 3-4. Verser l'oignon émincé, faire revenir avec la viande quelques minutes.
- Ajouter la farine, remuer à l'aide d'une cuillère de bois, laisser cuire 3 à 4 minutes sans augmenter le feu.
- Mouiller avec la bière et le fond de gibier.
- Faire prendre ébullition Th 9. Réduire le feu Th 5. À l'aide d'une louche, écumer les impuretés de surface.
- Saler, poivrer, ajouter le bouquet garni, couvrir et laisser cuire doucement de 1 h 45 à 2 h 30 suivant l'âge de l'animal.
- En cours de cuisson, si l'évaporation est trop importante, ajouter un verre d'eau.

Présentation

Après cuisson, retirer le bouquet garni, rectifier l'assaisonnement. Servir dans la marmite.

Civet de caribou, chevreuil, orignal ou sanglier

Que d'histoires de chasse se sont racontées autour d'un civet. Le civet de gros gibier est un poème dédié à la forêt. Si je n'avais plus qu'un repas à faire, j'aimerais que l'on y serve un civet de chevreuil...

Certains réservent pour les cuire en civet, les bas morceaux de la bête. C'est dommage, choisissez de beaux morceaux dans la fesse, la recette n'en sera que meilleure.

Pour 4 personnes
Préparation: 45 min
Cuisson: environ 2 h
Marinage: 12 à 48 h

Ingrédients

900 g (2 lb) de viande dans la fesse
1 litre (4 tasses) de marinade
300 à 360 ml (10 à 12 oz) de fond de gibier ou de bouillon de boeuf
1 c. à soupe (1 c. à table) de pâte de tomates
3 c. à soupe (3 c. à table) d'huile
16 petits oignons
16 têtes de champignons blancs
240 g (8 oz) de flanc de porc non salé
3 c. à soupe (3 c. à table) de farine
3 à 4 gouttes de colorant artificiel (caramel)
Sel et poivre au goût

Mise en place

- Dans un morceau de ronde (intérieur ou extérieur), pointe de surlonge ou épaule dénervé et dégraissé, couper des cubes de 3 cm (1 1/2 po) de côté.
- Préparer une marinade crue en suivant la recette décrite à la page 300. Y faire mariner les morceaux de gibier plus ou moins longtemps suivant l'âge de la bête.
- Préparer ou sortir du congélateur 300 à 360 ml (10 à 12 oz) de fond de gibier. Voir recette à la page 283.
- Laver, égoutter et couper en quatre les champignons.
- Éplucher les petits oignons.

Préparation

- Retirer un à un les morceaux de viande de la marinade. Les assécher. Réserver.
- Passer la marinade au chinois, en recueillir tout le jus. Réserver les légumes au sec.
- Dans une marmite, faire chauffer l'huile Th 9.
- Lorsque l'huile est chaude, y colorer les lardons, les champignons et les petits oignons environ 5 minutes. Après coloration, retirer la garniture de la marmite. Réserver à couvert en attente.
- Augmenter le feu au maximum, colorer dans l'huile fumante les cubes de viande asséchés en plusieurs fois pour ne pas faire bouillir la viande.
- Mettre toute la viande colorée dans la marmite. Ajouter les légumes de la marinade après les avoir égouttés. Faire revenir ensemble 3 à 4 minutes sans réduire le feu.
- Saupoudrer avec la farine. Singer 2 à 3 minutes en remuant avec une cuillère de bois.
- Mouiller avec la marinade. Ajouter le fond de gibier, du vin cru ou du bouillon de boeuf pour couvrir largement. Adjoindre la pâte de tomates et le colorant.
- Faire prendre ébullition Th maximum. Réduire le feu

Th 6 à 7 pour obtenir un bouillon modéré. Écumer à l'aide d'une louche les impuretés qui se forment en surface.

- Lorsque le civet est débarrassé de ses impuretés, saler et poivrer. Conduire la cuisson à couvert à feu modéré.
- Aux trois quarts de la cuisson, retirer les cubes de viande. Passer la sauce au chinois pour éliminer les légumes de la marinade.
- Remettre viande et sauce dans la marmite, ajouter la garniture (champignons, lardons et petits oignons), et finir la cuisson en ajoutant un peu de vin si l'évaporation a été trop forte.

Présentation

La cuisson terminée, rectifier l'assaisonnement. Présenter le civet aux convives dans la marmite de cuisson.

Contre-filet de caribou, chevreuil ou sanglier à la sauce poivrade

Bien des chasseurs se privent du plaisir de la sauce poivrade (ne pas confondre avec la sauce au poivre) en raison de son temps de cuisson fort long. Bousculés par la vie moderne, il est souvent impossible d'accorder à la sauce le temps nécessaire à sa préparation. Je vous donne donc une recette abrégée de la sauce poivrade simple. Pardon à la mémoire des grands chefs.

Pour 4 personnes
Préparation: 55 min
Marinage: 12 h
Cuisson: 25 min

Ingrédients

900 g (2 lb) de contre-filet paré (ou de tout autre morceau de la longe)
750 ml (3 tasses) de marinade (1 bouteille de vin)
300 à 360 ml (10 à 12 oz) de fond de gibier lié (ne pas substituer par du bouillon de boeuf)
4 c. à soupe (4 c. à table) d'huile

Sauce poivrade:

225 ml (1/2 tasse) de carotte en brunoise
225 ml (1/2 tasse) d'oignon en brunoise
240 ml (8 oz) de parures de gibier (sans os)
240 ml (8 oz) de vinaigre de vin
120 ml (4 oz) de vin blanc sec
12 grains de poivre noir

**2 c. à soupe (2 c. à table) de beurre manié
(si nécessaire)**

1 c. à soupe (1 c. à table) de beurre

Mise en place

- Préparer une marinade crue de 3/4 litre (3 tasses) en suivant la recette décrite à la page 300.
- Parer complètement le contre-filet. Réserver toutes les parures pour la sauce.
- Mariner 8 à 12 heures.
- Préparer le fond de gibier ou sortir un sac préparé à l'avance du congélateur. Le lier légèrement.

Cuisson de la viande

Préchauffer le four à 110 °C (225 °F).

- Sortir le contre-filet de la marinade. L'égoutter. Bien éponger la viande. Saler, poivrer.
- Dans une plaque à rôtir, saisir le contre-filet à feu vif sur la plaque chauffante Th maximum avec 2 c. à soupe (2 c. à table) d'huile.
- Après coloration, mettre au four. Cuire 18 minutes, garder très saignant.
- Le temps de cuisson étant révolu, réserver le rôti sur la porte du four.

Sauce poivrade

- Éplucher et tailler en brunoise l'oignon et la carotte.
- Dans une casserole, chauffer 2 c. à soupe (2 c. à table) d'huile Th 8. Y colorer la brunoise et les parures de gibier.
- Mouiller avec 240 ml (8 oz) de vinaigre et 120 ml (4 oz) de vin blanc. Faire prendre ébullition. Réduire à sec.
- La réduction obtenue, verser dans une casserole la marinade et ses légumes, le fond de gibier et le poivre noir broyé.

- Porter à ébullition Th maximum. Conduire la cuisson à découvert. Baisser le feu, écumer les impuretés de surface. Réduire pour obtenir 300 à 360 ml (10 à 12 oz) de sauce.
- La réduction à point, passer la sauce au chinois. Presser fortement les légumes pour en exprimer tout le jus. Saler.
- Remettre la sauce sur le feu. Terminer la liaison au beurre manié si nécessaire pour obtenir la consistance voulue.
- Monter la sauce avec 1 c. à soupe (1 c. à table) de beurre. Réserver au chaud sans bouillir.

Présentation

Pendant les derniers instants de cuisson de la sauce, remettre le rôti au four. Une fois à point, le couper en 16 tranches. Déposer sur le fond de grandes assiettes chaudes quelques cuillerées de sauce, y déposer en forme d'éventail 4 tranches par convive. Verser le reste de la sauce en saucière et servir.

Côtelettes de caribou au morgon

Cette recette se fait normalement avec les entrecôtes de boeuf et porte le nom en restauration d'entrecôte marchand de vin.

Le faux-filet de caribou ne permet pas d'y trancher de gros morceaux comme dans le boeuf. La longe d'un caribou moyen ressemble à celle d'un veau de grain. C'est pourquoi je n'hésite pas à la servir en côtelettes. J'emploie pour cette recette les côtes suivant la 7e, celles qui sont le plus éloignées du cou.

Il y a deux façons de les découper:

1. Découper en tranchant les os, vous obtiendrez 6 côtelettes assez épaisses, pas très élégantes.
2. En taillant une tranche avec os, une tranche sans os, vous obtiendrez 11 côtelettes de bonne grosseur pour être poêlées rapidement.

Pour 4 personnes
Préparation: 20 min
Cuisson: Sauce: 8 min
Côtelettes: 4 min

Ingrédients

12 côtelettes de caribou façon n° 2
2 c. à soupe (2 c. à table) d'échalotes séchées hachées
2 c. à soupe (2 c. à table) de persil haché
3 c. à soupe (3 c. à table) de beurre
1 c. à soupe (1 c. à table) d'huile
8 c. à soupe (8 c. à table) de beurre manié (facultatif)

254

240 ml (8 oz) de morgon (beaujolais)
300 ml (10 oz) de fond de gros gibier ou de
  bouillon de boeuf
Sel et poivre au goût

Mise en place

- Préparer un fond de gibier fortement réduit en suivant la recette décrite à la page 283 (ou sortir du congélateur un sac de 360 g (12 oz) préparé à l'avance).
- Détailler les côtelettes de caribou.
- Hacher séparément échalotes et persil. Réserver.

Cuisson des côtelettes

- Dans une sauteuse ou une poêle épaisse, faire chauffer 2 c. à soupe (2 c. à table) de beurre et 1 c. à soupe (1 c. à table) d'huile Th 9.
- Saler, poivrer les côtelettes. Les cuire à feu vif le temps nécessaire pour les amener à la cuisson voulue. Il est préférable de les garder saignantes puisqu'elles doivent séjourner au chaud le temps de faire la sauce.
- Retirer les côtelettes de la sauteuse sans les piquer. Réserver au chaud sous un papier d'aluminium.
- Retirer le gras de cuisson de la sauteuse.
- Remettre sur le feu Th 8, verser les 240 ml (8 oz) de vin rouge. Ajouter les échalotes. Faire prendre ébullition.
- Conduire la cuisson à découvert pour obtenir une réduction de 120 ml (4 oz) Th 6-7.
- Ajouter le fond de gros gibier, continuer la réduction toujours à découvert pour obtenir une réduction finale de 240 à 270 ml (8 à 9 oz). Saler, poivrer.
- Lier le fond de sauce en incorporant 2 c. à soupe (2 c. à table) de beurre manié par petites noix en remuant vigoureusement à l'aide d'un fouet pour dissoudre les grumeaux.

- Retirer la sauce du feu. Incorporer 1 c. à soupe (1 c. à table) de beurre pour lui donner finesse et lustre.

Présentation

Dresser les côtelettes dans de grandes assiettes chaudes. Verser la sauce sur la viande. Parsemer le tout de persil haché. Servir avec un plat de nouilles au beurre.

Note: Les côtelettes de caribou peuvent être grillées au charbon de bois, servies avec des tranches de beurre composé (voir recettes aux pages 296 à 299).

Marmite de caribou

Il est des jours où, fatigué de faire la cuisine, je rends mon tablier. Nicole prend alors la relève et nous fait sa délicieuse marmite de caribou aux carottes.

Pour 4 personnes
Préparation: 15 min
Cuisson: 2 h 15 min

Ingrédients

1 kg (2 lb 3 oz) de caribou coupé en cubes (6 par convive)
3 c. à soupe (3 c. à table) d'huile de maïs
1 oignon moyen coupé en dés
8 carottes moyennes
2 branches de céleri
1 c. à soupe (1 c. à table) de tomate concentrée
2 c. à soupe (2 c. à table) de farine tout usage
120 ml (4 oz) de vin rouge
660 ml (22 oz) de bouillon de boeuf ou de fond de gros gibier
1 bouquet garni
Sel et poivre au goût

Mise en place

- Dans une cocotte, faire revenir dans l'huile chaude les morceaux de caribou dégraissé et dénervé. Les prélever de préférence dans l'épaule ou le cou.
- Faire colorer les cubes en trois fois. Cela évite de trop refroidir l'huile, empêche la viande de bouillir et permet de colorer également toutes les facettes. Une fois colorés, retirer un à un tous les morceaux et réserver dans une assiette à part.

- Faire revenir dans la même marmite l'oignon coupé en dés, les carottes et le céleri détaillés en petits bâtons de 6 X 1 cm (2 1/2 X 1/2 po). L'opération se fait à petit feu Th 3-4 pendant 3 minutes.
- Ajouter en remuant la farine et la tomate concentrée. Cuire 2 petites minutes à feu doux.
- Mouiller avec le bouillon de boeuf ou le fond de gibier. Ajouter le vin rouge et faire prendre ébullition. Lorsque la sauce devient épaisse, ajouter la viande et le bouquet garni. Saler, poivrer, couvrir.
- Régulièrement au début, puis de temps en temps par la suite, à l'aide d'une cuillère, retirer les impuretés qui se forment en surface.
- Le temps de cuisson peut varier énormément suivant l'âge de la bête. L'ébullition doit être douce et régulière. Généralement, 2 heures suffisent pour mener à bien la cuisson de cette viande non marinée.

Présentation

Servir dans la marmite en retirant le couvercle à table. Vous pouvez accompagner ce plat de pommes de terre vapeur ou de nouilles au beurre.

Navarin de caribou aux petits légumes

Par tradition, la recette du navarin était réservée à l'agneau. Puis il y a eu des chefs qui firent des navarins de homard, de crevettes. Perdu dans la toundra, dans notre campement du lac Hôtel, l'idée me trotta un petit moment à l'esprit. Pourquoi ne pas l'essayer avec du caribou? Dans mon garde-manger, à l'abri du soleil et sous le lichen, j'avais tous les légumes voulus. Pour le caribou, pas d'inquiétude, des hardes nombreuses passaient durant tout le jour à flanc de montagne.

Comme pour toutes les recettes mijotées, le temps de cuisson varie en fonction de l'âge de la bête.

Pour 4 personnes
Préparation: 30 min
Cuisson: 2 h

Ingrédients

1,2 kg (2 1/2 lb) de cou, d'épaule ou d'extérieur de ronde
3 c. à soupe (3 c. à table) d'huile
2 c. à soupe (2 c. à table) de concentré de tomates
2 litres (8 tasses) d'eau
4 à 5 gouttes de colorant artificiel
1 bouquet garni (4 brins de persil, 1 brin de thym, 1 feuille de laurier)
1 c. à soupe (1 c. à table) de persil haché

Garniture:

16 carottes taillées en olives
16 navets blancs taillés en olives

16 pommes de terre vapeur
24 petits oignons
Sel et poivre au goût

Cuisson

- Dégraisser, dénerver et tailler en cubes la viande de caribou, 7 à 8 morceaux par personne.
- Dans une marmite, faire chauffer l'huile Th 8.
- Jeter les morceaux de viande dans l'huile brûlante. Il est important de colorer la viande en plusieurs fois pour permettre à l'huile de rester chaude, empêchant ainsi les cubes de bouillir.
- Après coloration, réunir tous les morceaux de viande dans la marmite. Ajouter l'huile. Cuire dans la marmite 3 minutes Th 6 à 7.
- Ajouter le concentré de tomates. Mouiller avec 2 litres (8 tasses) d'eau.
- Faire prendre ébullition Th 9, réduire le feu Th 6. À l'aide d'une louche, retirer toutes les impuretés qui se sont formées à la surface.
- Ajouter le bouquet garni, saler, poivrer, couvrir. Conduire la cuisson à petits bouillons Th 4-5, 1 heure avant d'ajouter les légumes.

  Pendant la cuisson du navarin, préparer les légumes.
- Peler et laver pommes de terre, carottes et navets. Éplucher les oignons.
- Tourner carottes et navets en forme d'olives de 4 à 5 cm (1 1/2 à 2 po) sur 2 à 3 cm (1 à 1 1/4 po). Réserver dans l'eau froide.
- Après 1 heure de cuisson, ajouter carottes et navets, puis 15 minutes plus tard, les pommes de terre.
- Terminer la cuisson en y ajoutant un verre d'eau si l'évaporation est trop importante.

Présentation

Retirer le bouquet garni, rectifier l'assaisonnement. Verser dans un plat creux de service. Saupoudrer de persil haché. Servir.

N.D.A. Après coloration des viandes, vous pouvez ajouter 1 c. à soupe (1 c. à table) de farine pour donner plus de corps à votre sauce.

Paupiettes de caribou

S'il vous arrive de recevoir à votre table des convives qui ne sont pas particulièrement friands de viande sauvage, voici une recette où s'allient la toundra et la ferme.

Pour 4 personnes
Préparation: 30 min
Cuisson: 55 min

Ingrédients

8 escalopes de ronde de 90 g (3 oz) chacune
700 g (1 1/2 lb) de farce fine
1 bouquet garni (4 brins de persil, 1 brin de thym, 1 feuille de laurier)
2 oignons taillés en mirepoix
2 carottes taillées en mirepoix
1 branche de céleri
300 ml (10 oz) de vin rouge
480 ml (16 oz) de fond de gibier ou de bouillon de boeuf
3 c. à soupe (3 c. à table) d'huile
2 c. à soupe (2 c. à table) de beurre manié
2 c. à soupe (2 c. à table) de farine
Sel et poivre au goût

Mise en place

- Faire un fond de gibier ou sortir du congélateur 2 sacs de 240 ml (8 oz) préparés à l'avance selon la recette décrite à la page 283.
- Préparer la farce fine en suivant la recette donnée à la page 288.
- Préparer le beurre manié, toujours en suivant la recette des pages 296-299.

- Éplucher carottes, oignons, céleri. Détailler en mire-poix.
- Confectionner le bouquet garni.

Paupiettes et boulettes

- Aplatir sous une feuille de papier d'aluminium à l'aide d'un gros couteau, les tranches de ronde sans les écra-ser.
- Déposer sur chaque escalope 45 ml (1 1/2 oz) de farce, rouler et ficeler.
- Avec le reste de la farce, confectionner des petites bou-lettes, les rouler dans la farine.
- Chauffer le four à 180°C (350°F).

Cuisson des paupiettes

- Dans une poêle, faire chauffer l'huile Th 9.
- Faire revenir les paupiettes dans l'huile chaude. Après coloration, retirer les viandes de caribou de la poêle, les déposer dans un plat creux allant au four.
- Dans le gras de cuisson, faire revenir les boulettes de farce. Après coloration, les déposer dans le plat de cuisson avec les paupiettes.
- Dernière opération, dans la même poêle, faire revenir la mirepoix environ 3 minutes et l'adjoindre à la vian-de.
- Mouiller avec le fond de gibier ou le bouillon de boeuf et le vin rouge. Ajouter le bouquet garni. Saler, poivrer.
- Mettre au four. Cuire 55 minutes à four chaud. À mi-cuisson, réduire la chaleur et couvrir.

Sauce

- Après cuisson, retirer paupiettes et boulettes du fond de cuisson, les déposer dans un plat creux de service. Réserver au chaud.
- Dans une casserole, passer le fond de cuisson au

chinois fin. À l'aide d'une louche, presser fortement les légumes pour en exprimer tout le jus.

- Si la quantité de fond est inférieure à 360 ml (12 oz), ajouter un peu d'eau.
- Faire prendre ébullition Th 9. Lier le fond en ajoutant par petites quantités, le beurre manié. Fouetter vigoureusement pour éliminer toute trace de grumeaux.
- Réduire le feu Th 3, cuire la sauce 2 minutes.

Présentation

Sortir le plat de service du four. Napper paupiettes et boulettes avec la sauce. Servir.

Chevreuil du cuisinier-chasseur

À l'encontre de la recette des escalopes de canard à la crème et aux pleurotes où les champignons sont cuits à part, dans celle-ci les champignons sont cuits dans la sauce, lui donnant leur parfum. Le chic de la recette, c'est d'utiliser des chanterelles. Faute de girolles, les remplacer par des pleurotes. S'il n'y a pas de pleurotes sur le marché, en dernier recours, employez des petits champignons blancs.

Pour 4 personnes
Préparation: 15 min
Cuisson: 1 min

Ingrédients

12 escalopes ou 12 côtelettes de chevreuil
350 g (12 oz) de crème à 35 p. 100
120 ml (4 oz) de vin blanc sec
90 à 120 g (3 à 4 oz) de champignons (chanterelles, pleurotes, blancs)
2 c. à soupe (2 c. à table) de beurre
1 c. à soupe (1 c. à table) d'huile
Sel et poivre au goût

Mise en place

- Couper dans la noix ou la pointe de surlonge 12 escalopes de 60 à 90 g (2 à 3 oz) chacune. Les parer.
- Laver et émincer les champignons.

Cuisson des escalopes

- Dans une poêle ou une sauteuse, chauffer le beurre et l'huile Th 9.

265

- Saler, poivrer les escalopes, les cuire rapidement sans les fariner, 30 secondes de chaque côté.
- Après cuisson, réserver au four tiède sous un papier d'aluminium.

Cuisson des champignons

- Retirer le gras de cuisson. Remettre la sauteuse sur le feu Th 8-9. Déglacer avec le vin blanc. Réduire de moitié.
- Déposer les champignons émincés dans la réduction de vin blanc. Saler, poivrer, cuire 2 minutes sans réduire le feu.
- Le temps de cuisson des champignons étant écoulé, à l'aide d'une cuillère à trous, les retirer de la sauteuse. Réserver au four à côté des escalopes.
- Verser la crème dans le jus de cuisson des champignons. Incorporer le jus qui s'est formé dans le plat des escalopes en attente.
- Conduire la cuisson de la crème à feu moyen Th 5-6 pour obtenir environ 240 à 270 ml (8 à 9 oz) de sauce.
- La sauce étant à point, y incorporer les champignons, donner un bouillon de 1 minute. Rectifier l'assaisonnement, ne plus faire bouillir.

Présentation

Déposer dans chaque assiette chaude 3 escalopes en forme d'éventail. Napper avec la sauce aux champignons et servir.

Escalopes de chevreuil aux poires

Pour préparer les escalopes, je me sers de trois parties: le contre-filet, l'intérieur de ronde ou la pointe de surlonge.

Pour 4 personnes
Préparation: 20 min
Cuisson de la viande: rapide

Ingrédients

12 belles escalopes taillées dans la noix
4 poires à cuire
1 citron
4 c. à café (4 c. à thé) de confiture ou de gelée de groseilles
2 c. à soupe (2 c. à table) de beurre
1 c. à soupe (1 c. à table) d'huile
60 g (2 oz) de sucre
500 ml (2 tasses) d'eau
350 g (12 oz) de crème à 35 p. 100
Sel et poivre au goût

Mise en place

- Couper dans la noix, 12 belles escalopes de 60 g (2 oz) chacune.
- Peler les poires, retirer le coeur, les couper en deux, les frotter avec le citron.

Cuisson des poires

- Dans une casserole, verser l'eau et ajouter le sucre.
- Faire prendre ébullition Th 9. Déposer les demi-poires dans le sirop. Cuire à petits bouillons Th 4-5. Le temps

267

de cuisson varie selon mûrissement des fruits. Les garder fermes.

Cuisson des escalopes

- Dans une poêle, chauffer le beurre et l'huile Th 9.
- Saler, poivrer les escalopes, les cuire rapidement sans les fariner. Après cuisson, réserver au four tiède sous un papier d'aluminium.

Sauce

- Dégraisser la poêle. Remettre sur le feu, y verser la crème à 35 p. 100.
- Faire prendre ébullition Th 8. Réduire le feu Th 4-5.
- Conduire la cuisson de la crème en fouettant pour obtenir environ 240 ml (8 oz) de sauce légère. Saler, poivrer.

Présentation

Sortir les escalopes du four, les déposer 3 par 3 dans de grandes assiettes chaudes. Incorporer le jus qui s'est formé dans le plat des escalopes en attente à la sauce, donner un bouillon. Napper la viande avec 60 ml (2 oz) de sauce brûlante. Déposer dans chaque assiette 1/2 poire égouttée. Garnir le centre avec la gelée de groseilles et servir.

Médaillons de chevreuil au beurre de cresson

Pour préparer les médaillons, j'utilise le contre-filet, une des trois parties les plus tendres du cerf de Virginie. Pour cette recette, le beurre de cresson peut être chaud ou froid. Pour le beurre froid, suivre la recette décrite à la page 298. Pour le beurre chaud, suivre la recette ci-dessous.

Pour 4 personnes
Préparation: 20 min
Cuisson de la viande: 3 min

Ingrédients

900 g (2 lb) de contre-filet paré
1 botte de cresson
125 ml (4 oz) de vin blanc sec
125 g (4 oz) de crème à 35 p. 100
1 c. à soupe (1 c. à table) d'échalotes séchées hachées
180 g (6 oz) de beurre doux en pommade pour la sauce
2 c. à soupe (2 c. à table) de beurre pour la cuisson
1 c. à soupe (1 c. à table) d'huile
Sel et poivre au goût

Mise en place

- Dégraisser et dénerver complètement le contre-filet.
- Couper en tranches de 60 g (2 oz), le contre-filet paré (4 par convive).
- À l'aide d'une fourchette, réduire le beurre en pommade, réserver à la température de la cuisine.

- Éplucher et hacher les échalotes séchées, réserver dans une petite assiette.
- Couper les queues des branches de cresson au niveau des premières feuilles.
- Ciseler une trentaine de feuilles, réserver dans une assiette. Le reste de la botte servira à garnir les assiettes.

Beurre de cresson

- Dans une casserole, verser le vin blanc et ajouter les échalotes hachées.
- Faire prendre ébullition Th 8, réduire des 2/3.
- Verser la crème à 35 p. 100 dans la réduction, diminuer le feu Th 6. Réduire de moitié, ne plus faire bouillir.
- Monter la sauce au beurre en incorporant à la réduction le beurre en pommade.
- Ajouter les feuilles de cresson ciselées. Saler, poivrer, tenir au chaud sans bouillir.

Cuisson des médaillons

- Dans une poêle, faire chauffer 2 c. à soupe (2 c. à table) de beurre et 1 c. à soupe (1 c. à table) d'huile Th maximum.
- Cuire rapidement les médaillons à la couleur voulue. Les garder rosés. Éponger le gras de cuisson, saler, poivrer.

Présentation

Sur le fond de grandes assiettes chaudes, verser le beurre de cresson. Déposer 4 médaillons par assiette, garnir avec le cresson en branches et servir.

Note: Si vous utilisez la première méthode, après cuisson des médaillons, couper en rondelles le beurre de cresson, les déposer sur les tranches de viande brûlantes, garnir avec le cresson en branches et servir.

Soupe aux jarrets de chevreuil

Les jarrets sont une partie de l'animal qui reste souvent dans la forêt ou la toundra. Je ne vais pas essayer de vous faire croire que ce sont des morceaux de choix. Généralement, ceux qui les ramènent les dénervent et les passent en viande hachée. D'autres les tronçonnent et font de l'osso-buco. Je choisis le pot-au-feu parce que j'aime le parfum qui s'en dégage. Je le sers dans une grande assiette creuse avec bouillon, légumes et viande.

Pour 4 personnes
Préparation: 30 min
Cuisson: 3 h

Ingrédients

2 jarrets de chevreuil ou de caribou
500 g (1 lb) de cou ou d'épaule
24 olives de carotte
24 olives de navet blanc
12 olives de céleri
8 pommes de terre vapeur
2 blancs de poireau
2 oignons moyens
6 clous de girofle
12 grains de poivre noir
1 bouquet garni

Mise en place

- Désosser les jarrets, garder les os pour le bouillon. Dénerver grossièrement la viande sans séparer complètement les muscles. Reformer et ficeler.

- Dénerver un morceau de cou ou d'épaule. Détailler la viande en cubes de 4 à 5 cm (1 1/2 à 2 po).
- Dans un pot-au-feu, déposer dans l'ordre, les os, les jarrets et les cubes.
- Mouiller largement à l'eau froide. Faire blanchir.
- Faire prendre ébullition Th maximum; aux premiers bouillonnements, réduire la chaleur Th 8.
- Retirer l'écume qui se forme en surface à l'aide d'une louche. Procéder à cette opération pendant environ 15 minutes.
- Retirer à l'aide d'une fourchette la viande et les os.
- Jeter l'eau de première cuisson et rincer à l'eau tiède, jarrets, cubes et os.
- Laver le pot-au-feu, y remettre os et viande. Mouiller largement.
- Faire prendre ébullition Th maximum. Réduire le feu Th 8, saler, poivrer, couvrir et cuire 2 h 45.
- Pendant la cuisson de la viande, préparer les légumes.
- Peler et laver pommes de terre, carottes, navets blancs et poireaux.
- Des poireaux, ne garder que le blanc, les ficeler.
- Tourner carottes, céleri et navets en forme de grosses olives de 6 à 7 cm X 2 à 3 cm (2 1/2 à 3 po X 1 à 1 1/4 po).
- Tourner les pommes de terre en forme ovale de 7 à 8 cm X 3 à 4 cm (3 à 3 1/2 po X 1 1/4 à 1 1/2 po).
- Faire le bouquet garni (5 branches de persil, 1 feuille de laurier, 2 branches de thym).
- Peler les oignons, les piquer avec les clous de girofle.

Cuisson des légumes

- 1 h 30 avant la cuisson de la viande, ajouter tous les légumes au pot-au-feu.
- Les retirer par catégorie au fur et à mesure de leur cuisson, sauf les oignons et le bouquet garni.
- Les réserver à part dans une casserole avec 2 ou

3 louches de bouillon. (Ma femme, lorsqu'elle fait ce pot-au-feu, aime les laisser cuire jusqu'à la fin.)

- Poursuivre la cuisson des viandes. Ajouter 1 ou 2 tasses d'eau si l'évaporation a été importante.

Présentation

Retirer les jarrets, couper la ficelle et couper en tranches épaisses de 3 à 4 cm (1 1/4 à 1 1/2 po).

Dans un grand plat creux, verser 300 à 360 ml (10 à 12 oz) de bouillon, ajouter les tranches de jarret, les cubes de viande, puis les légumes. Poser fumant devant les convives.

Moutarde de Dijon et petits cornichons au vinaigre s'imposent comme accompagnement.

Entrecôte d'orignal au vin de bleuet

Pour préparer cette recette, j'utilise des entrecôtes prises dans le contre-filet (aloyau). J'utilise aussi du bifteck de côte. Lorsque ces parties sont épuisées, vous pouvez préparer la recette avec du steak prélevé dans la ronde ou la pointe de surlonge.

Pour 4 personnes
Préparation: 15 min
Cuisson: 4 à 5 min

Ingrédients

4 entrecôtes d'orignal assez épaisses de 240 g (8 oz) chacune
1 c. à soupe (1 c. à table) d'échalotes séchées hachées
3 c. à soupe (3 c. à table) de beurre
2 c. à soupe (2 c. à table) d'huile
2 c. à soupe (2 c. à table) de beurre manié
180 ml (6 oz) de vin de bleuet
300 ml (10 oz) de fond de gros gibier ou de bouillon de boeuf
Sel et poivre au goût

Mise en place

- Préparer un fond de gibier en suivant la recette décrite à la page 283 ou sortir du congélateur un sac de 300 à 360 ml (10 à 12 oz) préparé à l'avance.
- Couper les entrecôtes dans le contre-filet, les parer.
- Hacher très fin l'échalote séchée.

Cuisson

- Dans une sauteuse, faire chauffer Th 9, 2 c. à soupe (2 c. à table) de beurre et 2 c. à soupe (2 c. à table) d'huile.
- Saler, poivrer les entrecôtes. Cuire à feu vif le temps désiré pour les amener à la cuisson voulue. Garder saignantes parce qu'elles doivent séjourner au chaud le temps de faire la sauce.
- Cuire pendant environ 2 1/2 minutes de chaque côté. Ne pas piquer la viande en la retournant.
- Après cuisson, réserver les entrecôtes au chaud sur la porte du four.

Sauce

- Jeter le gras de cuisson. Remettre la sauteuse sur le feu Th 8 à 9.
- Déglacer avec le vin de bleuet. Ajouter les échalotes. Faire prendre ébullition. Réduire de moitié.
- Ajouter le fond de gibier. Conduire rapidement la cuisson pour obtenir un fond de sauce de 240 à 270 ml (8 à 9 oz). Saler, poivrer.
- La réduction obtenue, incorporer en fouettant le beurre manié par petites noix. Remuer vigoureusement pour dissoudre les grumeaux. Réduire le feu Th minimum, donner quelques bouillons, retirer la sauce du feu.
- Incorporer 1 c. à soupe (1 c. à table) de beurre pour donner à la sauce finesse et lustre. Rectifier l'assaisonnement.

Présentation

Déposer les entrecôtes sur de grandes assiettes chaudes, napper avec 60 ml (2 oz) de sauce et servir.

Médaillon d'orignal au vinaigre de framboise

Cette recette peut facilement s'adapter au chevreuil et au caribou; les filets de ces deux bêtes sont cependant trop petits. Pour produire des tournedos, tailler les pièces de viande à cuire dans le contre-filet.

Pour 4 personnes
Préparation: 15 min
Cuisson: 4 min

Ingrédients

8 morceaux de filet de 90 g (3 oz) chacun
3 c. à soupe (3 c. à table) de beurre
2 c. à soupe (2 c. à table) d'huile
1 c. à soupe (1 c. à table) d'échalotes séchées hachées
240 ml (8 oz) de fond de gibier (voir recette à la page 283) ou de bouillon de boeuf légèrement lié
125 g (4 oz) de crème à 35 p. 100
60 ml (2 oz) de vinaigre de framboise
1 c. à café (1 c. à thé) de confiture ou gelée de framboises
Sel et poivre au goût

Mise en place

- Détailler le filet d'orignal en médaillons de 90 g (3 oz) dénervés et dégraissés. Procéder de la même manière avec le contre-filet de caribou ou de chevreuil.
- Hacher très fin l'échalote séchée.

Cuisson des médaillons

- Dans une sauteuse, faire chauffer Th 9, 2 c. à soupe (2 c. à table) de beurre et 2 c. à soupe (2 c. à table) d'huile.
- Saler, poivrer les médaillons. Les déposer dans le gras de cuisson fumant.
- Cuire 2 minutes de chaque côté. Ne pas piquer la viande en la retournant.
- Après cuisson, réserver les médaillons au chaud sur la porte du four dans une assiette creuse pour en récupérer le jus.

Sauce

- Jeter le gras de cuisson. Remettre la sauteuse sur le feu Th 8-9.
- Y verser le vinaigre de framboise, ajouter les échalotes, réduire presque à sec. Ne pas laisser dessécher les échalotes.
- Déglacer avec le fond de gibier et le jus provenant des médaillons en attente. Réduire le feu Th 6, cuire 5 minutes.
- Ajouter la crème à 35 p. 100, laisser cuire à nouveau 3 à 4 minutes sans augmenter le feu.
- L'opération terminée, il doit vous rester 180 à 210 ml (6 à 7 oz) de sauce.
- Couper le feu au dernier bouillon, incorporer au fouet 1 c. à soupe (1 c. à table) de beurre et 1 c. à café (1 c. à thé) de gelée de framboises.
- Rectifier l'assaisonnement.

Présentation

Dresser les médaillons dans de grandes assiettes très chaudes. Napper avec la sauce brûlante, servir rapidement.

Orignal en daube

Elle a fait du chemin la daube de l'ancienne à la nouvelle cuisine, cuite au vin rouge ou au vin blanc, avec ou sans carottes, avec ou sans farine, elle ne s'y reconnaît plus. Certains marinent, d'autres pas. Seul accord, le temps de cuisson. La daube est un plat de cuisine bourgeoise, un plat du dimanche, mijoté longuement à couvert.

Pour cette recette, il est difficile de déterminer avec précision le temps de cuisson. Une jeune bête sera plus tendre qu'une bête grise de douze ans. La daube se prépare aussi avec du caribou, du cerf de Virginie, du lièvre ou de la bernache.

Pour 4 personnes
Préparation: 20 min
Cuisson: 3 à 5 h

Ingrédients

1 kg (2 lb 3 oz) de viande d'orignal prélevée dans la noix (ronde)
125 à 150 g (4 à 5 oz) de poitrine de porc salée
125 g (4 oz) de jambon de campagne
1 litre (4 tasses) de vin rouge
60 ml (2 oz) de marc de Bourgogne ou de brandy
3 carottes moyennes
3 gousses d'ail
2 feuilles de laurier
1 oignon moyen
4 clous de girofle
1 branche de thym
10 grains de poivre noir
1 c. à soupe (1 c. à table) de tomate en purée
Sel et poivre au goût

Mise en place

- Découper dans la meilleure partie de la cuisse (la ronde), des cubes de 4 à 5 cm (1 1/2 à 2 po).
- Éplucher et couper les carottes en rondelles.
- Éplucher et émincer l'oignon.
- Éplucher et hacher les gousses d'ail.
- Retirer la couenne du lard salé, le réserver, découper le morceau de porc en lardons moyens.
- Détailler le jambon de campagne en très petits cubes.

Cuisson de la daube

- À cru, déposer dans une braisière ou une marmite en fonte, les morceaux de viande.
- Ajouter les carottes en rondelles, l'oignon émincé, l'ail haché, le thym, le laurier, les clous de girofle, le poivre en grains et le concentré de tomate.
- Mouiller avec le vin rouge. Déposer la couenne dans la marmite. Saler légèrement, couvrir hermétiquement pour empêcher toute évaporation.
- Mettre au four, régler le Th pour obtenir une très légère ébullition. Temps de cuisson: 3 à 5 heures suivant l'âge de la bête.
- 1 heure avant la fin de la cuisson, ajouter lardons et jambon ainsi que le verre d'alcool. Ajouter un peu de vin si vous jugez nécessaire.

Présentation

Servir dans la marmite en retirant le couvercle devant les convives.

Les fonds de cuisson et de sauces

Voici 4 recettes de base importantes, nécessaires à la cuisson du gibier et des poissons. Bien sûr, il existe maintenant dans le commerce des fonds préparés faciles à utiliser. Ils sont vendus sous forme de poudre, granulés ou liquides. Qu'ils soient au boeuf, au poulet ou au poisson, ils peuvent fort bien remplacer le long processus de préparation qui suit, mais en auront-ils le goût et le charme?... À vous de choisir! Pour vous éviter un travail long et fastidieux souvent renouvelé, lorsque vous décidez de préparer un fond, faites-en donc une grande quantité que vous congèlerez par portion de 240 g (8 oz).

Pour les recettes que vous trouverez dans ce livre, 4 fonds de cuisson reviennent souvent: le court-bouillon, le fond de gibier, le fumet de gibier et le fumet de poisson.

Court-bouillon

Cuire une bête de pêche, c'est l'immerger complètement dans l'eau. Il faut prendre grand soin de ne pas la
faire bouillir, seul un frémissement doit être perceptible.
Les chairs tendres des poissons éclateraient à trop forte
ébullition. Même si certains de mes confrères ajoutent du
vin blanc pour la cuisson des salmonidés, je n'en éprouve
pas le besoin. Il est dommage de mélanger vin et vinaigre.
Dans la majorité des recettes, le court-bouillon n'est pas
utilisé mis à part la cuisson du poisson. N'ajoutez pas non
plus de jus de citron, la préparation étant assez acidulée
avec le vinaigre. Il faut toujours plonger à froid le poisson
dans le court-bouillon; vous devrez donc effectuer deux
opérations. Dans un premier temps, la préparation et la
cuisson du court-bouillon que vous laissez refroidir. Dans
un second temps, la cuisson du poisson. Si votre poisson
doit être servi en entrée froide, le laisser refroidir dans le
court-bouillon.

Ingrédients

2 litres (8 tasses) d'eau
8 c. à soupe (8 c. à table) de vinaigre
3 oignons moyens émincés
3 carottes émincées
1 beau bouquet garni (4 brins de persil, 2 feuilles
    de laurier, 2 branches de thym)
25 g (environ 1 oz) de poivre noir en grains
Sel au goût

Mise en place

- Faire le bouquet garni.
- Éplucher les carottes et les oignons, les émincer.

Cuisson

- Dans une casserole, déposer les légumes, le bouquet garni et le poivre en grains.
- Mouiller avec l'eau et le vinaigre. Porter à ébullition Th maximum. Réduire le feu. Cuire 20 à 25 minutes à découvert.
- Le temps de cuisson du court-bouillon étant révolu, le laisser tiédir avant d'y déposer le poisson.

Fond de gibier

Ingrédients

Pour 2 litres de fond de gibier:

5 litres (20 tasses) d'eau froide
2 kg (4 1/2 lb) d'os de gibier (brisés grossièrement)
1 kg (2 lb 3 oz) de parures (sans gras)
200 g (7 oz) de carottes taillées en mirepoix
100 g (3 oz) de céleri taillé en mirepoix
3 gousses d'ail écrasées
3 c. à soupe (3 c. à table) de purée de tomate
1 gros bouquet garni
500 ml (2 tasses) de vin rouge ordinaire
20 grains de poivre

Cuisson

- Colorer au four, dans une plaque à rôtir pendant 10 à 15 minutes, les os concassés, et retourner de temps en temps avec une cuillère de bois.
- Ajouter les parures et la mirepoix, remettre au four 5 minutes. Cette opération ne doit pas trop colorer les légumes.
- Ajouter l'ail écrasé, la purée de tomate, cuire 3 minutes.
- Dans un pot-au-feu, verser le contenu de la plaque à rôtir. Ajouter le vin rouge. Porter à ébullition et réduire de moitié.
- Verser les 5 litres (20 tasses) d'eau sur les os. Ajouter le bouquet garni et le poivre en grains.
- La cuisson à feu doux pour obtenir 2 litres (8 tasses) de fond est d'environ 4 heures.
- Cuire sans couvercle et sans remuer. Régulièrement au début, puis de temps en temps, écumer à la louche la graisse et les dépôts qui se forment en surface.
- Après cuisson, passer le fond de gibier à l'étamine.

Fumet de gibier

Cette recette demande de petites quantités. Je la prépare donc rapidement à la minute. Comme pour le fumet de poisson, la cuisson doit être courte.

Ingrédients

Pour 240 à 300 ml (8 à 10 oz) de fumet:

480 ml (16 oz) d'eau froide
500 g (1 lb) d'os de gibier (brisés grossièrement)
225 ml (1/2 tasse) de carottes en brunoise
225 ml (1/2 tasse) d'oignons en brunoise
1 c. à café (1 c. à thé) de tomate en purée
1 petit bouquet garni
8 grains de poivre
120 ml (4 oz) de vin blanc ou rouge

Préparation

- Colorer dans une poêle à feu vif les os concassés et les pattes pendant environ 8 minutes.
- Ajouter les légumes, le bouquet garni et le poivre en grains, colorer sans brûler pendant 2 autres minutes.
- Verser dessus le vin blanc, réduire 1 minute dans une casserole et verser le contenu de la poêle.
- Ajouter la purée de tomate et l'eau froide, porter à ébullition.
- Cuire sans couvercle et sans remuer. Régulièrement au début, puis de temps à autre, écumer à la louche la graisse et les dépôts qui se forment en surface.
- Réduire de moitié et passer le jus de cuisson à l'étamine.

Fumet de poisson

À l'encontre du court-bouillon, le fumet de poisson sert à confectionner les sauces. Je n'aime pas employer les restes de brochet, le goût en étant très prononcé. Les têtes seront mises à cuire sans les branchies. Les arêtes de poisson comme les têtes seront de première fraîcheur. Le fumet se prépare avec ou sans vin blanc, suivant la recette. Il est important de ne pas laisser ce fond de base cuire plus de 20 minutes.

Ingrédients

1 litre (4 tasses) d'eau froide
240 ml (8 oz) de vin blanc sec
900 g (2 lb) de têtes, arêtes et queues de poisson
2 échalotes séchées hachées
225 ml (1/2 tasse) d'oignons en brunoise
625 ml (2 1/2 tasses) de carottes en brunoise
120 à 150 g (4 à 5 oz) de champignons (facultatif)
1 bouquet garni (5 brins de persil, 1 feuille de
   laurier, 1 branche de thym)
3 c. à soupe (3 c. à table) de beurre
1 c. à soupe (1 c. à table) d'huile
12 grains de poivre noir
Sel au goût

Préparation

- À l'aide d'un gros couteau, concasser grossièrement les débris de poisson. Les laver à grande eau. Égoutter dans une passoire.
- Peler oignons et carottes, détailler en brunoise.
- Éplucher et hacher les échalotes.
- Préparer le bouquet garni.

- Hacher grossièrement les champignons, laver, égoutter.

Cuisson

- Dans une grande casserole, faire chauffer Th 8 l'huile et le beurre.
- Y faire suer 6 à 8 minutes sans colorer les échalotes hachées, les carottes en brunoise et les champignons.
- Adjoindre aux légumes les débris de poisson égouttés, poursuivre la cuisson à blanc 5 autres minutes.
- Mouiller avec le vin blanc et l'eau froide.
- Faire prendre ébullition Th maximum. Réduire le feu Th 6-7. À l'aide d'une louche, écumer la mousse qui se forme en surface.
- Ajouter le bouquet garni, le poivre en grains. Saler.
- Conduire la cuisson 20 minutes à découvert sans baisser le feu.
- Après cuisson, passer le fumet au chinois fin. À l'aide d'une louche, presser fortement les débris pour en exprimer toute la substance.

Consulter les recettes pour l'utilisation. Le surplus peut être congelé.

Farce à pâté de gibier

Cette recette, je l'emploie pour faire des terrines, des petits pâtés et des timbales. Je me sers des foies et des pattes de gibier non utilisés dans les recettes où l'on ne cuit que les poitrines ou les râbles. Je l'emploie également pour farcir perdrix, faisan, bécassine, etc.

Ingrédients

800 g (1 lb 12 oz) de chair de gibier (canard, lièvre, oie, perdrix, etc.)
200 g (7 oz) de foie de gibier (canard, lièvre, oie, perdrix, etc.)
300 g (10 oz) de veau désossé
450g (15 oz) de porc gras (réserver la couenne pour couvrir le pâté)
2 oeufs
45 ml (1 1/2 oz) de brandy
45 ml (1 1/2 oz) de madère ou de porto
100 g (3 oz) de crème à 35 p. 100
90 ml (3 oz) de vin blanc sec
4 échalotes séchées
2 gousses d'ail
4 branches de persil
Sel et poivre

Cette liste d'ingrédients vous servira à préparer les terrines, les petits pâtés et les timbales.

Farce fine

Du maître boucher Antonio de Barros.

Il existe une multitude de farces. Celle-ci est d'un coût de préparation assez élevé. Dans sa composition n'entrent que des ingrédients de première qualité. Sa douceur, son moelleux et son parfum valent l'investissement. Vous pourrez à loisir farcir canards, oies, perdrix, carpes ou dorés.

Préparation: 35 min

Ingrédients

Pour 1 kg (2 lb) de farce:

600 g (20 oz) de veau maigre dénervé
180 g (6 oz) de porc maigre dénervé
120 g (4 oz) de pain
250 g (8 oz) de crème à 35 p. 100
60 g (2 oz) d'échalotes séchées
1 oeuf cru en entier
3 branches de persil
120 ml (4 oz) de vin blanc sec
15 ml (1/2 oz) de brandy
Sel et poivre

Méthode de travail

- Dénerver la viande de veau et de porc, la couper en fines lanières, la déposer dans un plat, arroser avec le vin blanc et le brandy. Laisser macérer pendant 1 heure en remuant de temps en temps.
- Pour cette recette, il est inutile de faire tremper le pain.
- Passer au hache-viande, grille fine, les lanières de viande macérées, le pain, les échalotes et le persil.

- Répéter l'opération une seconde fois pour obtenir une farce fine.
- Incorporer en remuant à la cuillère de bois, l'oeuf cru et la crème à 35 p. 100. Remuer pour obtenir un appareil homogène. Rectifier l'assaisonnement.

Petits pâtés en croûte

Cette recette se sert en amuse-gueule avec l'apéritif avant que les convives ne passent à table. Diverses formes peuvent être données aux petits pâtés. Ne pas les servir trop brûlants.

Pour 10 à 12 personnes
Préparation: 15 min
Cuisson: 18 min

Ingrédients

480 g (16 oz) de pâte feuilletée (achetée dans le commerce)
480 g (16 oz) de farce à pâté ou farce fine
2 jaunes d'oeufs

Mise en place

- La pâte feuilletée est une recette longue et fastidieuse; je vous conseille donc de l'acheter dans le commerce.
- Préparer la farce en suivant l'une ou l'autre des recettes décrites aux pages 287 et 288.
- Délayer les jaunes d'oeufs avec un peu de lait.

Préparation

- Chauffer le four à environ 190 °C (380 °F).
- Étendre au rouleau l'abaisse de pâte feuilletée pour obtenir une couche uniforme d'environ 1 cm (2/15 à 3/15 po) d'épaisseur.
- Découper sur toute la surface des carrés de 5 X 5 cm (2 X 2 po).
- Sur la moitié des carrés, déposer au centre avec une petite cuillère 7 g (1/4 oz) de farce.
- Badigeonner à l'aide d'un pinceau les bords de la pâte où repose la farce.

- Recouvrir avec l'autre partie des carrés, formant ainsi des petits pâtés en forme de ravioli. Presser fermement les bords pour les souder.
- Badigeonner les petits feuilletés au jaune d'oeuf à l'aide du pinceau.
- Les déposer sur une plaque à pâtisserie préalablement beurrée. Laisser refroidir 15 à 20 minutes.
- Enfourner à four chaud, cuire 15 à 18 minutes.

Présentation

Après cuisson, sortir du four. Laisser tiédir un peu, dresser sur un grand plat de service et servir en même temps que l'apéritif.

Terrine de gibier au poivre vert

Il est des odeurs qui vous marquent pour toujours. L'odeur de la terrine de pâté en est une. Avant l'invention du réfrigérateur, les pâtés étaient souvent mis à refroidir sur le bord d'une fenêtre. De là, ils répandaient leur parfum dans toute la maison et c'est ainsi que j'en ai gardé le souvenir. Tous les gibiers peuvent être préparés en terrine, chacun à son arôme.

Préparation: 35 min
Cuisson: 2 h

Ingrédients

1,4 kg (3 lb) de farce à pâté
6 bardes de lard
2 feuilles de laurier
1 branche de thym
300 à 360 ml (10 à 12 oz) de gelée (en poudre achetée dans le commerce)
2 c. à café (2 c. à thé) de poivre vert

Mise en place

- Préparer la farce à pâté en suivant la recette décrite à la page 287. Ne pas la poivrer.
- Préchauffer le four à 95°C (200°F).
- Ajouter à l'appareil le poivre vert égoutté, bien mélanger.
- Recouvrir le fond et les bords d'une terrine avec les bardes de lard.
- Verser l'appareil dans la terrine. Presser fortement pour rendre la farce très compacte. Déposer sur le dessus le laurier et le thym, couvrir.

- Mettre la terrine dans un plat creux allant au four, remplir aux 3/4 d'eau tiède.
- Enfourner, cuire au bain-marie environ 2 heures à 95°C (200°F). Préparer la gelée en poudre achetée dans le commerce.
- Après cuisson, sortir la terrine du four, laisser tiédir. Retirer le pâté de la terrine sans le briser, le nettoyer à l'aide d'un petit couteau. Jeter le gras de cuisson.
- Remettre le pâté dans son moule. Y verser la gelée tiède à ras bords.
- Laisser refroidir complètement avant de réfrigérer.

Les roux

Ces éléments de liaison sont très importants. Le roux n'est pas seulement un mélange de beurre et de farine dans lequel on ajoute le fond. Il doit être cuit à point pour donner une sauce luisante. Sans cuisson de la farine, la sauce serait terne goûtant la farine.

Qu'ils soient blancs, blonds ou bruns, les roux ont tous les mêmes proportions beurre-farine dans leur composition. Une attention particulière doit être accordée au roux brun. Prenez garde de ne pas laisser brûler le beurre en voulant trop le colorer, votre sauce serait très amère.

Proportions d'un roux pour lier 5 litres (20 tasses) de sauce: 454 g (1 lb) de beurre, 540 g (18 oz) de farine tout usage.

LE ROUX BLANC
Temps de cuisson: 5 à 7 min

Faire chauffer le beurre sans colorer. Y ajouter la farine, remuer sans arrêt à feu très doux. Ce roux servira à lier les sauces blanches.

LE ROUX BLOND
Temps de cuisson: 10 à 12 min

Faire chauffer le beurre en le colorant légèrement. Y ajouter la farine en remuant sans arrêt à feu doux. Ce roux servira à lier les sauces chaudes.

LE ROUX BRUN
Temps de cuisson: 15 à 20 min

Faire colorer le beurre sans le brûler. Ajouter la farine en remuant sans arrêt pour obtenir une belle couleur brune. Ce roux servira à lier les sauces brunes.

Comment utiliser le roux.

Exemple, si vous désirez obtenir 1 litre (4 tasses) de sauce:

454 g (16 oz) ÷ 5 = 90 g (3 oz) de beurre
    (mesures approximatives);

540 g (18 oz) ÷ 5 = 108 g (3 1/2 oz) de farine
    (mesures approximatives).

Pour 8 personnes

1 litre (4 tasses) de fond, généralement après réduction de cuisson comme il est recommandé dans la majorité des recettes de ce livre, donne 90 ml (3 oz) par personne.

1 litre = 32 oz
après réduction = 720 ml (24 oz)
720 ml (24 oz) ÷ 8 = 90 ml (3 oz)

Beurre d'ail

Ingrédients

240 g (8 oz) de beurre salé à température de la cuisine
2 c. à soupe (2 c. à table) de persil frisé haché
1 c. à soupe (1 c. à table) d'ail haché
Poivre au goût

- Réduire le beurre en pommade.
- Hacher séparément ail et persil.

- Dans un bol, mélanger à la fourchette le beurre, le persil et l'ail haché. Poivrer.
- Façonner en rouleau de la même façon que le beurre aux herbes. Réfrigérer.

Beurre d'échalote

Cette recette se prépare au vin blanc pour garnir les filets de poisson ou au vin rouge pour garnir les escalopes ou les steaks de gibier à viande rouge.

Ingrédients

300 g (10 oz) de beurre salé
1 c. à soupe (1 c. à table) d'échalotes séchées hachées
1 c. à café (1 c. à thé) de jus de citron
3 c. à soupe (3 c. à table) de vin rouge ou blanc
Poivre au goût

- Dans une petite casserole, mettre à bouillir doucement le vin et l'échalote hachée.
- Réduire à sec sans colorer, refroidir.
- Dans un bol, mélanger avec une cuillère de bois le beurre, l'échalote et le jus de citron. Poivrer.
- Façonner au rouleau de la même façon que le beurre aux herbes. Réfrigérer.

Beurre de cresson

Ingrédients

240 g (8 oz) de beurre salé à température de la cuisine
1/2 botte de cresson
1 échalote verte
1 c. à café (1 c. à thé) de jus de citron
3 c. à soupe (3 c. à table) de vin blanc
Poivre au goût

- Réduire le beurre en pommade.
- Effeuiller 1/2 botte de cresson. Hacher finement.
- Ne garder que le blanc d'une grosse échalote verte, hacher finement.
- Dans une petite casserole, porter à ébullition le vin blanc sec, ajouter l'échalote hachée.
- Réduire à sec sans colorer, refroidir.
- Dans un bol, mélanger avec une cuillère de bois le beurre, le cresson, l'échalote hachée, le jus de citron et le poivre.

Pour servir, suivre la même méthode que pour le beurre aux herbes, façonner au rouleau. Réfrigérer.

Beurre aux herbes

Ingrédients

300 g (10 oz) de beurre salé
2 c. à soupe (2 c. à table) de persil frisé haché
1 c. à soupe (1 c. à table) de ciboulette hachée
1 c. à café (1 c. à thé) de jus de citron
1 pincée de poivre

Si vous avez la chance de trouver du cerfeuil chez le maraîcher, ajoutez-en 1 c. à café (1 c. à thé) à la recette.

- Réduire le beurre en pommade.
- Hacher finement et séparément les herbes.
- Dans un bol, mélanger avec une cuillère de bois le beurre, les herbes fraîches hachées, le jus de citron et le poivre.
- Dans une feuille de papier d'aluminium, former un rouleau de 4 cm (1 1/2 po) de diamètre par 20 cm (8 po) de long avec le beurre en pommade.
- Réfrigérer. Couper suivant le besoin des tranches de ce rouleau de beurre aux herbes et servir sur les filets de poisson ou les côtelettes de gibier.

Marinade crue

Elle se fait au vin rouge ou au vin blanc. On ajoute du vinaigre seulement pour les vieilles bêtes. Elle sert à attendrir et à parfumer les viandes sauvages. Le temps de marinage est une question de goût mais ne doit pas dépasser 48 heures.

Ingrédients

Pour 1 litre (4 tasses) de marinade au vin rouge:

1 litre (4 tasses) de vin rouge
3 c. à soupe (3 c. à table) de vinaigre (bêtes âgées seulement)
4 c. à soupe (4 c. à table) d'huile
1 carotte émincée
1 oignon moyen émincé
2 échalotes séchées émincées
2 gousses d'ail
1/4 branche de céleri émincée
1 feuille de laurier
1 branche de thym
4 branches de persil
12 grains de poivre noir
6 grains de genièvre (facultatif)

- Ne pas saler la marinade.
- Éplucher carotte, oignon, échalotes et gousses d'ail.
- Émincer carotte, oignon, échalotes et céleri.
- Dans un plat creux, déposer la moitié des légumes émincés et les 2 gousses d'ail.
- Y déposer les morceaux de viande ou la pièce entière à mariner.
- Couvrir avec le persil, le thym, le laurier et le reste des

légumes. Ajouter le poivre noir et les grains de genièvre.
- Y verser le vinaigre si nécessaire. Mouiller avec 1 litre
(4 tasses) de vin rouge. Couvrir avec l'huile.
- Conserver la marinade au réfrigérateur. De temps en
temps, retourner la viande pour qu'elle s'imprègne
complètement de marinade.

Marinade sèche

La marinade sèche sert à atténuer le goût prononcé de certains gibiers: lièvres de sapinage, tétras, canards de plonge. Avant de cuire un lièvre à la moutarde ou en gibelotte ou encore de rôtir un canard de plonge ou un tétras des savanes, je les fais séjourner 3 à 4 heures dans une marinade sèche. J'accorde le même traitement au rôti de caribou ou de chevreuil lorsqu'ils ont plus de trois ou quatre ans.

Ingrédients

1 carotte émincée
1 oignon moyen émincé
2 échalotes séchées émincées
1 feuille de laurier
1 branche de thym
4 branches de persil

- Ne pas saler les viandes.
- Éplucher carotte, oignon, échalotes. Émincer.
- Dans un plat creux, déposer la moitié des légumes émincés.
- Y déposer les morceaux de gibier ou la pièce de viande à rôtir.
- Couvrir avec le persil, le thym et le laurier. Ajouter le reste des légumes.
- Conserver la marinade au réfrigérateur. De temps en temps, retourner la viande pour qu'elle s'imprègne du parfum des légumes.

Pâte à crêpes salée

Cette recette de pâte à crêpes s'emploie pour faire des crêpes qui seront farcies d'un appareil composé de béchamel et de poisson.

Pour 5 personnes
Préparation: 10 min
Cuisson: rapide

Ingrédients

120 g (4 oz) de farine tout usage
1 oeuf
180 ml (6 oz) de lait
1 c. à soupe (1 c. à table) de beurre fondu
1 pincée de sel

- Dans un bol à mélanger, verser la farine et le sel.
- Faire une fontaine au centre de la farine et y casser l'oeuf.
- À l'aide d'une cuillère de bois ou d'un fouet rigide, incorporer l'oeuf à la farine.
- Ajouter le lait petit à petit pour obtenir une pâte lisse.
- Incorporer le beurre fondu. Laisser reposer sur le comptoir de la cuisine une bonne heure avant de faire cuire les crêpes.

Pâte brisée

Cette recette vous servira à confectionner des pâtés de gibier en croûte et des fonds de tarte chauds.

Ingrédients

480 g (16 oz) de farine
240 g (8 oz) de beurre en pommade
120 ml (4 oz) d'eau
1 pincée de sel

- Préparer de préférence la pâte 24 heures à l'avance. Elle sera plus facile à travailler.
- Déposer la farine dans un bol.
- Faire une fontaine, y déposer le beurre, commencer à travailler le beurre avec la farine. Sans l'incorporer, ajouter le sel, puis l'eau.
- Mélanger rapidement sans trop malaxer pour éviter que votre pâte soit élastique.

Lexique

Aiguillette
Mince tranche de viande de boucherie.

Braisière
Fond brun cuisiné avec des os de boeuf et de veau, des carottes, des oignons et de l'ail.

Brider
Passer, à l'aide d'une aiguille à brider, de la ficelle à rôti à travers le corps d'une volaille ou d'un gibier à plume pour maintenir les pattes et les ailes le long du corps pendant la cuisson.

Brunoise
Façon de tailler les légumes en dés minuscules de 1 ou 2 mm de côté.

Chanterelle
Champignon dont le chapeau est strié de plis descendant bas sur le pied.

Chinois
Passoire conique munie d'un long manche.

Colvert
Canard sauvage.

Cul-de-poule
Bassine en acier inoxydable ou en matière plastique, sans anse et munie d'un anneau sur le rebord.

Étouffée (à l')
Cuire en vase clos, à la vapeur.

Fait-tout
Marmite demi-haute munie de deux anses et d'un couvercle, destiné à la cuisson à l'eau ou à l'étuvée et au mijotage.

Malard
Canard mâle.

Meurette
Matelote de poissons de rivière, de veau ou de poulet préparée au vin rouge.

Mirepoix
Mélange de légumes taillés en dés ou en brunoise, de jambon cru ou de lard maigre et d'aromates.

Navarin
Ragoût garni de pommes de terre et de légumes variés.

Pilet
Variété de canard sauvage.

Pleurote
Champignon dont les lamelles descendent bas sur un pied décentré, qui pousse en touffes sur les souches et les arbres morts.

Pluches
Sommités feuillues des herbes aromatiques utilisées fraîches ou blanchies pour aromatiser les apprêts crus ou cuits.

Quinconce (en)
Se dit d'objets disposés par groupes de cinq dont quatre aux quatre angles et le cinquième au centre.

Râble
Partie du lapin ou du lièvre qui descend du bas des côtes à la queue.

Rillettes
Charcuterie à base de porc ou d'oie, cuite dans la graisse.

Rouelle
Tranche de viande, de poisson ou de légume ronde et épaisse.

Sarcelle
Oiseau palmipède plus petit que le canard commun.

Singer
Fariner des éléments revenus dans un corps gras avant de leur ajouter un liquide de mouillement clair. Ceci permet d'obtenir une sauce de cuisson liée.

Tétras
Oiseau gallinacé qui vit dans les forêts et les prairies montagneuses.

Index des recettes par ordre alphabétique

Index des recettes par catégories

Table des matières

Dans la même collection:

Pêche à la mouche de Serge-J. Vincent
L'Arc et la chasse de Greg Guardo
Chasse au petit gibier de Yvon-Louis Paquet
La Taxidermie moderne de Jean Labrie

Ouvrages parus chez les éditeurs du groupe Sogides

ANIMAUX

* **Art du dressage, L',** Chartier Gilles
Bien nourrir son chat, D'Orangeville Christian
Cheval, Le, Leblanc Michel
Chien dans votre vie, Le, Margolis Matthew et Swan Marguerite
* **Éducation du chien de 0 à 6 mois, L',** DeBuyser Dr Colette et Dr Dehasse Joël
Encyclopédie des oiseaux, Godfrey W. Earl
Mammifères de mon pays, Duchesnay St-Denis J. et Dumais Rolland
* **Mon chat, le soigner, le guérir,** D'Orangeville Christian
Observations sur les mammifères, Provencher Paul
Papillons du Québec, Veilleux Christian et Prévost Bernard
Petite ferme, T. 1, Les animaux, Trait Jean-Claude

Vous et votre berger allemand, Eylat Martin
Vous et votre boxer, Herriot Sylvain
Vous et votre caniche, Shira Sav
Vous et votre chat de gouttière, Gadi Sol
Vous et votre chow-chow, Pierre Boistel
Vous et votre doberman, Denis Paula
Vous et votre husky, Eylat Martin
Vous et votre labrador, Van Der Heyden Pierre
Vous et vos oiseaux de compagnie, Huard-Viau Jacqueline
Vous et votre persan, Gadi Sol
Vous et votre setter anglais, Eylat Martin
Vous et vos poissons d'aquarium, Ganiel Sonia
Vous et votre siamois, Eylat Odette

ARTISANAT/ARTS MÉNAGERS

Appareils électro-ménagers, Prentice-Hall of Canada
* **Art du pliage du papier,** Harbin Robert
Artisanat québécois, T. 1, Simard Cyril
Artisanat québécois, T. 2, Simard Cyril
Artisanat québécois, T. 3, Simard Cyril
Artisanat québécois, T.4, Simard Cyril, Bouchard Jean-Louis
Bon Fignolage, Le, Arvisais Dolorès A.
Coffret artisanat, Simard Cyril
Comment aménager une salle
Comment utiliser l'espace
Construire sa maison en bois rustique, Mann D. et Skinulis R.

Crochet Jacquard, Le, Thérien Brigitte
Cuir, Le, Saint-Hilaire Louis et Vogt Walter
Décapage-rembourrage
Décoration intérieure, La,
Dentelle, T. 1, La, De Seve Andrée-Anne
Dentelle, T. 2, La, De Seve Andrée-Anne
Dessiner et aménager son terrain, Prentice-Hall of Canada
Encyclopédie de la maison québécoise, Lessard Michel

Encyclopédie des antiquités, Lessard Michel

Entretenir et embellir sa maison, Prentice-Hall of Canada

Entretien et réparation de la maison, Prentice-Hall of Canada

Guide du chauffage au bois, Flager Gordon

J'apprends à dessiner, Nash Joanna

Je décore avec des fleurs, Bassili Mimi

J'isole mieux, Eakes Jon

Mécanique de mon auto, La, Time-Life Book

Menuiserie, La, Prentice-Hall of Canada

* **Noeuds, Les,** Shaw George Russell

Outils manuels, Les, Prentice-Hall of Canada

Petits appareils électriques, Prentice-Hall of Canada

Piscines, barbecues et patio

Terre cuite, Fortier Robert

Tissage, Le, Grisé-Allard Jeanne et Galarneau Germaine

Tout sur le macramé, Harvey Virginia L.

Trucs ménagers, Godin Lucille

Vitrail, Le, Bettinger Claude

ART CULINAIRE

À table avec soeur Angèle, Soeur Angèle

Art d'apprêter les restes, L', Lapointe Suzanne

Art de la cuisine chinoise, L', Chan Stella

Art de la table, L', Du Coffre Marguerite

Barbecue, Le, Dard Patrice

Bien manger à bon compte, Gauvin Jocelyne

Boîte à lunch, La, Lambert-Lagacé Louise

Brunches & petits déjeuners en fête, Bergeron Yolande

Cheddar, Le, Clubb Angela

Cocktails & punchs au vin, Poister John

Cocktails de Jacques Normand, Normand Jacques

Coffret la cuisine

Confitures, Les, Godard Misette

Congélation de A à Z, La, Hood Joan

Congélation des aliments, Lapointe Suzanne

Conserves, Les, Sansregret Berthe

Cornichons, Ketchups et Marinades, Chesman Andrea

Cuisine au wok, Solomon Charmaine

Cuisine chinoise, La, Gervais Lizette

Cuisine de Pol Martin, Martin Pol

Cuisine facile aux micro-ondes, Saint-Amour Pauline

Cuisine joyeuse de soeur Angèle, La, Soeur Angèle

Cuisine micro-ondes, La, Benoit Jehane

Cuisine santé pour les aînés, Hunter Denyse

Cuisiner avec le four à convection, Benoit Jehane

Cuisinez selon le régime Scarsdale, Corlin Judith

Faire son pain soi-même, Murray Gill Janice

Faire son vin soi-même, Beaucage André

Fondues & flambées de maman Lapointe, Lapointe Suzanne

Fondues, Les, Dard Patrice

Guide canadien des viandes, Le, App. & Services Canada

Muffins, Les, Clubb Angela

Nouvelle cuisine micro-ondes, La, Marchand Marie-Paul et Grenier Nicole

Nouvelle cuisine micro-ondes II, La, Marchand Marie-Paul, Grenier Nicole

Pâtes à toutes les sauces, Les, Lapointe Lucette

Pâtés et galantines, Dard Patrice

Pâtisserie, La, Bellot Maurice-Marie

Pizza, La, Dard Patrice

Poissons et fruits de mer, Sansregret Berthe

Recettes au blender, Huot Juliette

Recettes canadiennes de Laura Secord, Canadian Home Economics Association

Recettes de gibier, Lapointe Suzanne

Recettes de maman Lapointe, Les, Lapointe Suzanne

Recettes Molson, Beaulieu Marcel

Robot culinaire, Le, Martin Pol

Salades, sandwichs, hors-d'oeuvre, Martin Pol

BIOGRAPHIES POPULAIRES

Boy George, Ginsberg Merle
Daniel Johnson, T. 1, Godin Pierre
Daniel Johnson, T. 2, Godin Pierre
Daniel Johnson — Coffret, Godin Pierre
Dans la fosse aux lions, Chrétien Jean
Duplessis, T. 1 — L'ascension, Black Conrad
Duplessis, T. 2 — Le pouvoir, Black Conrad
Duplessis — Coffret, Black Conrad
Dynastie des Bronfman, La, Newman Peter C.

Establishment canadien, L', Newman Peter C.
Frère André, Le, Lachance Micheline
Mastantuono, Mastantuono Michel
Maurice Richard, Pellerin Jean
Mulroney, Macdonald L.I.
Nouveaux Riches, Les, Newman Peter C.
Prince de l'Église, Le, Lachance Micheline
Saga des Molson, La, Woods Shirley

DIÉTÉTIQUE

Contrôlez votre poids, Ostiguy Dr Jean-Paul
* **Cuisine sage,** Lambert-Lagacé Louise
Diététique dans la vie quotidienne, Lambert-Lagacé Louise
* **Maigrir en santé,** Hunter Denyse
* **Menu de santé,** Lambert-Lagacé Louise
Nouvelle cuisine santé, Hunter Denyse
Oubliez vos allergies et... bon appétit, Association de l'information sur les allergies
Petite & grande cuisine végétarienne, Bédard Manon

Plan d'attaque Weight Watchers, Le, Nidetch Jean
Recettes pour aider à maigrir, Ostiguy Dr Jean-Paul
* **Régimes pour maigrir,** Beaudoin Marie-Josée
Sage Bouffe de 2 à 6 ans, La, Lambert-Lagacé Louise
Weight Watchers — cuisine rapide et savoureuse, Weight Watchers
Weight Watchers-Agenda 85 — Français, Weight Watchers
Weight Watchers-Agenda 85 — Anglais, Weight Watchers

DIVERS

* **Acheter ou vendre sa maison,** Brisebois Lucille
* **Acheter et vendre sa maison ou son condominium,** Brisebois Lucille
* **Bourse, La,** Brown Mark
Chaînes stéréophoniques, Les, Poirier Gilles
* **Choix de carrières, T. 1,** Milot Guy
* **Choix de carrières, T. 2,** Milot Guy
* **Choix de carrières, T. 3,** Milot Guy
* **Comment rédiger son curriculum vitae,** Brazeau Julie
Conseils aux inventeurs, Robic Raymond
* **Dictionnaire économique et financier,** Lafond Eugène
* **Faire son testament soi-même,** Me Poirier Gérald, Lescault Nadeau Martine (notaire)
* **Faites fructifier votre argent,** Zimmer Henri B.
* **Guide de la haute-fidélité, Le,** Prin Michel
* **Je cherche un emploi,** Brazeau Julie

* **Loi et vos droits, La,** Marchand Paul-Émile
* **Règles d'or de la vente, Les,** Kahn George N.
* **Roulez sans vous faire rouler, T. 3,** Edmonston Philippe
Savoir vivre aujourd'hui, Fortin Jacques Marcelle
Séjour dans les auberges du Québec, Cazelais Normand, Coulon Jacques
Stratégies de placements, Nadeau Nicole
Temps des fêtes au Québec, Le, Montpetit Raymond
Tenir maison, Gaudet-Smet Françoise
* **Tout ce que vous devez savoir sur le condominium,** Dubois Robert
Univers de l'astronomie, L', Tocquet Robert
Vente, La, Hopkins Tom
Votre système vidéo, Boisvert Michel, Lafrance André A.
* **Week-end à New York,** Tavernier-Cartier Lise

ENFANCE

* **Aider son enfant en maternelle,** Pedneault-Pontbriand Louise
* **Aidez votre enfant à lire et à écrire,** Doyon-Richard Louise
Aidez votre enfant à lire et à écrire, Doyon-Richard Louise
Alimentation futures mamans, Gougeon Réjeanne et Sekely Trude
Années clés de mon enfant, Les, Caplan Frank et Theresa
Art de l'allaitement maternel, L', Ligue internationale La Leche
* **Autorité des parents dans la famille,** Rosemond John K.
Avoir des enfants après 35 ans, Robert Isabelle
Comment amuser nos enfants, Stanké Louis
* **Comment nourrir son enfant,** Lambert-Lagacé Louise
Deuxième année de mon enfant, La, Caplan Frank et Theresa
* **Développement psychomoteur du bébé,** Calvet Didier
Douze premiers mois de mon enfant, Les, Caplan Frank
* **En attendant notre enfant,** Pratte-Marchessault Yvette
* **Encyclopédie de la santé de l'enfant,** Feinbloom Richard I.
Enfant stressé, L', Elkind David
Enfant unique, L', Peck Ellen
Femme enceinte, La, Bradley Robert A.
Fille ou garçon, Langendoen Sally, Proctor William

* **Frères-soeurs,** Mcdermott Dr John F. Jr.
Futur père, Pratte-Marchessault Yvette
* **Jouons avec les lettres,** Doyon-Richard Louise
* **Langage de votre enfant, Le,** Langevin Claude
Maman et son nouveau-né, La, Sekely Trude
* **Massage des bébés, Le,** Auckette Amélia D.
Merveilleuse histoire de la naissance, La, Gendron Dr Lionel
Mon enfant naîtra-t-il en bonne santé?, Scher Jonathan, Dix Carol
Pour bébé, le sein ou le biberon?, Pratte-Marchessault Yvette
Pour vous future maman, Sekely Trude
Préparez votre enfant à l'école, Doyon-Richard Louise
* **Psychologie de l'enfant,** Cholette-Pérusse Françoise
Secret du paradis, Le, Stolkowski Joseph
* **Tout se joue avant la maternelle,** Ibuka Masaru
Un enfant naît dans la chambre de naissance, Fortin Nolin Louise
Viens jouer, Villeneuve Michel José
Vivez sereinement votre maternité, Vellay Dr Pierre
Vivre une grossesse sans risque, Fried, Dr Peter A.

ÉSOTÉRISME

Coffret — Passé — Présent — Avenir
Graphologie, La, Santoy Claude
Hypnotisme, L', Manolesco Jean
* **Interprétez vos rêves,** Stanké Louis
* **Lignes de la main,** Stanké Louis
Lire dans les lignes de la main, Morin Michel

Prévisions astrologiques 1985, Hirsig Huguette
Vos rêves sont des miroirs, Cayla Henri
* **Votre avenir par les cartes,** Stanké Louis

HISTOIRE

Arrivants, Les, Collectif
Ramsès II, le pharaon triomphant, Kitchen K.A.

INFORMATIQUE

* **Découvrir son ordinateur personnel,** Faguy François

Guide d'achat des micro-ordinateurs, Le Blanc Pierre

JARDINAGE

Arbres, haies et arbustes, Pouliot Paul
Culture des fleurs, des fruits, Prentice-Hall of Canada
Encyclopédie du jardinier, Perron W.H.
Guide complet du jardinage, Wilson Charles

Petite ferme, T. 2 — Jardin potager, Trait Jean-Claude
Plantes d'intérieur, Les, Pouliot Paul
Techniques du jardinage, Les, Pouliot Paul
* Terrariums, Les, Kayatta Ken

JEUX/DIVERTISSEMENTS

Améliorons notre bridge, Durand Charles
* Bridge, Le, Beaulieu Viviane
Clés du scrabble, Les, Sigal Pierre A.
Collectionner les timbres, Taschereau Yves
* Dictionnaire des mots croisés, noms communs, Lasnier Paul
* Dictionnaire des mots croisés, noms propres, Piquette Robert
* Dictionnaire raisonné des mots croisés, Charron Jacqueline

Finales aux échecs, Les, Santoy Claude
Jeux de société, Stanké Louis
* Jouons ensemble, Provost Pierre
* Ouverture aux échecs, Coudari Camille
Scrabble, Le, Gallez Daniel
Techniques du billard, Morin Pierre
* Voir clair aux échecs, Tranquille Henri

LINGUISTIQUE

Améliorez votre français, Laurin Jacques
* Anglais par la méthode choc, L', Morgan Jean-Louis
Corrigeons nos anglicismes, Laurin Jacques
* J'apprends l'anglais, Silicani Gino

Notre français et ses pièges, Laurin Jacques
Petit dictionnaire du joual, Turenne Auguste
Secrétaire bilingue, La, Lebel Wilfrid
Verbes, Les, Laurin Jacques

LIVRES PRATIQUES

Bonnes idées de maman Lapointe, Les, Lapointe Lucette

Temps c'est de l'argent, Le, Davenport Rita

MUSIQUE ET CINÉMA

* Belles danses, Les, Dow Allen
* Guitare, La, Collins Peter

Wolfgang Amadeus Mozart raconté en 50 chefs-d'oeuvre, Roussel Paul

NOTRE TRADITION

Coffret notre tradition
Écoles de rang au Québec, Les, Dorion Jacques
Encyclopédie du Québec, T. 1, Landry Louis
Encyclopédie du Québec, T. 2, Landry Louis
Histoire de la chanson québécoise, L'Herbier Benoît

Maison traditionnelle, La, Lessard Micheline
Moulins à eau de la vallée du Saint-Laurent, Adam Villeneuve
Objets familiers de nos ancêtres, Genet Nicole
Vive la compagnie, Daigneault Pierre

PHOTOGRAPHIE (ÉQUIPEMENT ET TECHNIQUE)

* Apprenez la photographie avec Antoine Desilets, Desilets Antoine

Chasse photographique, La, Coiteux Louis

8/Super 8/16, Lafrance André

Initiation à la Photographie, London Barbara

Initiation à la Photographie-Canon, London Barbara

Initiation à la Photographie-Minolta, London Barbara

Initiation à la Photographie-Nikon, London Barbara

Initiation à la Photographie-Olympus, London Barbara

Initiation à la Photographie-Pentax, London Barbara

* Je développe mes photos, Desilets Antoine

* Je prends des photos, Desilets Antoine

* Photo à la portée de tous, Desilets Antoine

Photo guide, Desilets Antoine

* Technique de la photo, La, Desilets Antoine

PSYCHOLOGIE

Âge démasqué, L', De Ravinel Hubert

* Aider mon patron à m'aider, Houde Eugène

* Amour de l'exigence à la préférence, Auger Lucien

Au-delà de l'intelligence humaine, Pouliot Élise

Auto-développement, L', Garneau Jean

Bonheur au travail, Le, Houde Eugène

Bonheur possible, Le, Blondin Robert

Chimie de l'amour, La, Liebowitz Michael

* Coeur à l'ouvrage, Le, Lefebvre Gérald

Coffret psychologie moderne

Colère, La, Tavris Carol

* Comment animer un groupe, Office Catéchèse

* Comment avoir des enfants heureux, Azerrad Jacob

* Comment déborder d'énergie, Simard Jean-Paul

Comment vaincre la gêne, Catta Rene-Salvator

* Communication dans le couple, La, Granger Luc

* Communication et épanouissement personnel, Auger Lucien

Comprendre la névrose et aider les névrosés, Ellis Albert

* Contact, Zunin Nathalie

* Courage de vivre, Le, Kiev Docteur A.

Courage et discipline au travail, Houde Eugène

Dynamique des groupes, Aubry J.-M. et Saint-Arnaud Y.

Élever des enfants sans perdre la boule, Auger Lucien

* Émotivité et efficacité au travail, Houde Eugène

Enfants de l'autre, Les, Paris Erna

* Être soi-même, Corkille Briggs, D.

* Facteur chance, Le, Gunther Max

* Fantasmes créateurs, Les, Singer Jérôme

* J'aime, Saint-Arnaud Yves

Journal intime intensif, Progoff Ira

Miracle de l'amour, Un, Kaufman Barry Neil

* Mise en forme psychologique, Corrière Richard

* Parle-moi... J'ai des choses à te dire, Salome Jacques

Penser heureux, Auger Lucien

* Personne humaine, La, Saint-Arnaud Yves

* Première impression, La, Kleinke Chris, L.

Prévenir et surmonter la déprime, Auger Lucien

* Psychologie dans la vie quotidienne, Blank Dr Léonard

* Psychologie de l'amour romantique, Braden Docteur N.

* Qui es-tu grand-mère? Et toi grand-père?, Eylat Odette

* S'affirmer et communiquer, Beaudry Madeleine

* S'aider soi-même, Auger Lucien

* S'aider soi-même davantage, Auger Lucien

* S'aimer pour la vie, Wanderer Dr Zev

* Savoir organiser, savoir décider, Lefebvre Gérald

* Savoir relaxer et combattre le stress, Jacobson Dr Edmund

* Se changer, Mahoney Michael

* Se comprendre soi-même par des tests, Collectif

* Se concentrer pour être heureux, Simard Jean-Paul

Se connaître soi-même, Artaud Gérard
* Se contrôler par biofeedback, Ligonde
 Paultre
* Se créer par la Gestalt, Zinker Joseph
* S'entraider, Limoges Jacques
* Se guérir de la sottise, Auger Lucien
Séparation du couple, La, Weiss
 Robert S.
Sexualité au bureau, La, Horn Patrice

Tendresse, La, Wölfl Norbert
* Vaincre ses peurs, Auger Lucien
Vivre à deux: plaisir ou cauchemar,
 Duval Jean-Marie
* Vivre avec sa tête ou avec son coeur,
 Auger Lucien
Vivre c'est vendre, Chaput Jean-Marc
* Vivre jeune, Waldo Myra
* Vouloir c'est pouvoir, Hull Raymond

ROMANS/ESSAIS

Adieu Québec, Bruneau André
Baie d'Hudson, La, Newman Peter C.
Bien-pensants, Les, Berton Pierre
Bousille et les justes, Gélinas Gratien
Coffret Establishment canadien, New-
 man Peter C.
Coffret Joey
C.P., Susan Goldenberg
Commettants de Caridad, Les, Thé-
 riault Yves
Deux innocents en Chine Rouge,
 Hébert Jacques
Dome, Jim Lyon
Emprise, L', Brulotte Gaétan
IBM, Sobel Robert
Insolences du Frère Untel, Les, Untel
 Frère

ITT, Sobel Robert
J'parle tout seul, Coderre Émile
Lamia, Thyraud de Vosjoli P.L.
Mensonge amoureux, Le, Blondin Ro-
 bert
Nadia, Aubin Benoît
Oui, Lévesque René
Premiers sur la Lune, Armstrong Neil
Telle est ma position, Mulroney Brian
Terrorisme québécois, Le, Morf Gus-
 tave
Un doux équilibre, King Annabelle
Vrai visage de Duplessis, Le, Laporte
 Pierre

SANTÉ ET ESTHÉTIQUE

Allergies, Les, Delorme Dr Pierre
Art de se maquiller, L', Moizé Alain
* Bien vivre sa ménopause, Gendron Dr
 Lionel
Bronzer sans danger, Doka Bernadette
* Cellulite, La, Ostiguy Dr Jean-Paul
Cellulite, La, Léonard Dr Gérard J.
Exercices pour les aînés, Godfrey Dr
 Charles, Feldman Michael
Face lifting par l'exercice, Le, Runge
 Senta Maria
Grandir en 100 exercices, Berthelet
 Pierre
* Guérir ses maux de dos, Hall Dr Ha-
 milton
Médecine esthétique, La, Lanctot Guy-
 laine
Obésité et cellulite, enfin la solution,
 Léonard Dr Gérard J.
Santé, un capital à préserver, Peeters
 E.G.
Travailler devant un écran, Feeley, Dr
 Helen
Coffret 30 jours
30 jours pour avoir de beaux cheveux,
 Davis Julie

30 jours pour avoir de beaux ongles,
 Bozic Patricia
30 jours pour avoir de beaux seins,
 Larkin Régina
30 jours pour avoir de belles cuisses,
 Stehling Wendy
30 jours pour avoir de belles fesses,
 Cox Déborah
30 jours pour avoir un beau teint,
 Zizmor Dr Jonathan
30 jours pour cesser de fumer, Holland
 Gary, Weiss Herman
30 jours pour mieux organiser, Holland
 Gary
30 jours pour perdre son ventre,
 Burstein Nancy
30 jours pour perdre son ventre (homme), Matthews Roy, Burnstein Nancy
30 jours pour redevenir un couple
 amoureux, Nida Patricia K., Cooney
 Kevin
30 jours pour un plus grand épanouissement sexuel, Schneider Alan,
 Laiken Deidre

SEXOLOGIE

Adolescente veut savoir, L', Gendron Lionel

Fais voir, Fleischhaner H.

Guide illustré du plaisir sexuel, Corey Dr Robert E.

Helga, Bender Erich F.

Plaisir partagé, Le, Gary-Bishop Hélène

* **Première expérience sexuelle, La,** Gendron Lionel

* **Sexe au féminin, Le,** Kerr Carmen

* **Sexualité du jeune adolescent,** Gendron Lionel

* **Sexualité dynamique, La,** Lefort Dr Paul

* **Shiatsu et sensualité,** Rioux Yuki

SPORTS

Collection sport: dirigée par **LOUIS ARPIN**

100 trucs de billard, Morin Pierre

5BX Le programme pour être en forme

Apprenez à patiner, Marcotte Gaston

Arc et la Chasse, L', Guardo Greg

* **Armes de chasse, Les,** Petit Martinon Charles

* **Badminton, Le,** Corbeil Jean

* **Canoe-kayak, Le,** Ruck Wolf

* **Carte et boussole,** Kjellstrom Bjorn

* **Chasse au petit gibier, La,** Paquet Yvon-Louis

Chasse et gibier du Québec, Bergeron Raymond

Chasseurs sachez chasser, Lapierre Lucie

* **Comment se sortir du trou au golf,** Brien Luc

* **Comment vivre dans la nature,** Rivière Bill

* **Corrigez vos défauts au golf,** Bergeron Yves

Curling, Le, Lukowich Ed.

Devenir gardien de but au hockey, Allaire François

Encyclopédie de la chasse au Québec, Leiffet Bernard

Entraînement, poids-haltères, L', Ryan Frank

Exercices à deux, Gregor Carol

Golf au féminin, Le, Bergeron Yves

Grand livre des sports, Le, Le groupe Diagram

Guide complet du judo, Arpin Louis

* **Guide complet du self-defense,** Arpin Louis

Guide d'achat de l'équipement de tennis, Chevalier Richard, Gilbert Yvon

* **Guide de survie de l'armée américaine**

Guide des jeux scouts, Association des scouts

Guide du judo au sol, Arpin Louis

Guide du self-defense, Arpin Louis

Guide du trappeur, Le, Provencher Paul

Hatha yoga, Piuze Suzanne

* **J'apprends à nager,** Lacoursière Réjean

* **Jogging, Le,** Chevalier Richard

Jouez gagnant au golf, Brien Luc

Larry Robinson, le jeu défensif, Robinson Larry

Lutte olympique, La, Sauvé Marcel

* **Manuel de pilotage,** Transports Canada

* **Marathon pour tous,** Anctil Pierre

* **Médecine sportive,** Mirkin Dr Gabe

Mon coup de patin, Wild John

* **Musculation pour tous,** Laferrière Serge

Natation de compétition, La, Lacoursière Réjean

Partons en camping, Satterfield Archie, Bauer Eddie

Partons sac au dos, Satterfield Archie, Bauer Eddie

Passes au hockey, Les, Champleau Claude

Pêche à la mouche, La, Marleau Serge

Pêche à la mouche, Vincent Serge-J.

Pêche au Québec, La, Chamberland Michel

* **Planche à voile, La,** Maillefer Gérald

* **Programme XBX,** Aviation Royale du Canada

Provencher, le dernier coureur des bois, Provencher Paul

Racquetball, Corbeil Jean

Racquetball plus, Corbeil Jean

Raquette, La, Osgoode William

* **Règles du golf, Les,** Bergeron Yves

Rivières et lacs canotables, Fédération québécoise du canot-camping

* **S'améliorer au tennis,** Chevalier Richard

Secrets du baseball, Les, Raymond Claude

**le jour,
éditeur**

ANIMAUX

ART CULINAIRE ET DIÉTÉTIQUE

ARTISANAT/ARTS MÉNAGERS

DIVERS

LINGUISTIQUE

Des mots et des phrases, T. 1, Dagenais Gérard
Des mots et des phrases, T. 2, Dagenais Gérard

Joual de Troie, Marcel Jean

NOTRE TRADITION

Ah mes aïeux, Hébert Jacques

Lettre à un Français qui veut émigrer au Québec, Dubuc Carl

OUVRAGES DE RÉFÉRENCE

Règles d'or de la vente, Les, Kahn George N.

PSYCHOLOGIE

* **Adieu,** Halpern Dr Howard
* **Agressivité créatrice,** Bach Dr George
* **Aimer son prochain comme soi-même,** Murphy Joseph
* **Anti-stress, L',** Eylat Odette
  Arrête! tu m'exaspères, Bach Dr George
  Art d'engager la conversation et de se faire des amis, L', Gabor Don
* **Art de convaincre, L',** Ryborz Heinz
* **Art d'être égoïste, L',** Kirschner Josef
* **Au centre de soi,** Gendlin Dr Eugèr:e
* **Auto-hypnose, L',** Le Cron M. Leslie
  Autre femme, L', Sevigny Hélène
  Bains Flottants, Les, Hutchison Michael
* **Bien dans sa peau grâce à la technique Alexander,** Stransky Judith
  Ces vérités vont changer votre vie, Murphy Joseph
  Chemin infaillible du succès, Le, Stone W. Clément
  Clefs de la confiance, Les, Gibb Dr Jack
  Comment aimer vivre seul, Shanon Lynn
* **Comment devenir des parents doués,** Lewis David
* **Comment dominer et influencer les autres,** Gabriel H.W.
  Comment s'arrêter de fumer, Mc Farland J. Wayne
* **Comment vaincre la timidité en amour,** Weber Éric
  Contacts en or avec votre clientèle, Sapin Gold Carol
* **Contrôle de soi par la relaxation,** Marcotte Claude
  Couple homosexuel, Le, McWhirter David P., Mattison Andrew M.

  Découvrez l'inconscient par la parapsychologie, Ryzl Milan
* **Devenir autonome,** St-Armand Yves
* **Dire oui à l'amour,** Buscaglia Léo
  Enfants du divorce se racontent, Les, Robson Bonnie
* **Ennemis intimes,** Bach Dr George
  Espaces intérieurs, Les, Eisenberg Dr Howard
  États d'esprit, Glasser Dr William
* **Être efficace,** Hanot Marc
  Être homme, Goldberg Dr Herb
* **Fabriquer sa chance,** Gittenson Bernard
  Famille moderne et son avenir, La, Richards Lyn
  Gagner le match, Gallwey Timothy
  Gestalt, La, Polster Erving
  Guide de l'urgence-stress, Reuben Dr David
  Guide du succès, Le, Hopkins Tom
  L'Harmonie, une poursuite du succès, Vincent Raymond
* **Homme au dessert, Un,** Friedman Sonya
  Homme en devenir, L', Houston Jean
* **Homme nouveau, L', Bodymind,** Dychtwald Ken
* **Jouer le tout pour le tout,** Frederick Carl
  Maigrir sans obsession, Orbach Susie
  Maîtriser la douleur, Bogin Meg
  Maîtriser son destin, Kirschner Josef
  Manifester son affection, Bach Dr George
* **Mémoire, La,** Loftus Elizabeth
* **Mémoire à tout âge, La,** Dereskey Ladislaus
* **Mère et fille,** Horwick Kathleen
* **Miracle de votre esprit,** Murphy Joseph

ROMANS/ESSAIS

SANTÉ

SEXOLOGIE

SPORTS

ASTROLOGIE

BIOGRAPHIES

DIVERS

HISTOIRE

HUMOUR

LINGUISTIQUE

NOTRE TRADITION

PSYCHOLOGIE

* **Esprit libre, L',** Powell Robert

ROMANS/ESSAIS

* **Aaron,** Thériault Yves
* **Aaron, 10/10,** Thériault Yves
* **Agaguk,** Thériault Yves
* **Agaguk, 10/10,** Thériault Yves
* **Agénor, Agénor, Agénor et Agénor,** Barcelo François
* **Ah l'amour, l'amour,** Audet Noël
* **Amantes,** Brossard Nicole
* **Après guerre de l'amour, L',** Lafrenière J.
* **Aube,** Hogue Jacqueline
* **Aube de Suse, L',** Forest Jean
* **Aventure de Blanche Morti, L',** Beaudin Beaupré Aline
* **Beauté tragique,** Robertson Heat
* **Belle épouvante, La,** Lalonde Robert
* **Black Magic,** Fontaine Rachel
* **Blocs erratiques,** Aquin Hubert
* **Blocs erratiques, 10/10,** Aquin Hubert
* **Bourru mouillé,** Poupart Jean-Marie
* **Bousille et les justes,** Gélinas Gratien
* **Bousille et les justes, 10/10,** Gélinas Gratien
* **Carolie printemps,** Lafrenière Joseph
* **Charles Levy M.D.,** Bosco Monique
* **Chère voisine,** Brouillet Chrystine
* **Chère voisine, 10/10,** Brouillet Chrystine
* **Chroniques du Nouvel-Ontario,** Brodeur Hélène
* **Confessions d'un enfant,** Lamarche Jacques
* **Corps vêtu de mots, Le,** Dussault Jean
* **Coup de foudre,** Brouillet Chrystine
* **Couvade, La,** Baillie Robert
* **Cul-de-sac, 10/10,** Thériault Yves
* **De mémoire de femme,** Andersen Marguerite
* **Demi-Civilisés, Les, 10/10,** Harvey Jean-Charles
* **Dernier havre, Le, 10/10,** Thériault Yves
* **Dernière chaîne, La,** Latour Chrystine
* **Des filles de beauté,** Baillie Robert
* **Difficiles lettres d'amour,** Garneau Jacques
* **Dix contes et nouvelles fantastiques,** Collectif
* **Dix nouvelles de science-fiction québécoise,** Collectif
* **Dix nouvelles humoristiques,** Collectif
* **Dompteurs d'ours, Le,** Thériault Yves
* **Double suspect, Le,** Monette Madeleine
* **En eaux troubles,** Bowering George
* **Entre l'aube et le jour,** Brodeur Hélène
* **Entre temps,** Marteau Robert
* **Entretiens avec O. Létourneau,** Huot Cécile
* **Esclave bien payée, Une,** Paquin Carole
* **Essai sur l'Hindouisme,** Dussault Jean-Claude
* **Été de Jessica, Un,** Bergeron Alain
* **Et puis tout est silence,** Jasmin Claude
* **Été sans retour, L',** Gevry Gérard
* **Faillite du Canada anglais, La,** Genuist Paul
* **Faire sa mort comme faire l'amour,** Turgeon Pierre
* **Faire sa mort comme faire l'amour, 10/10,** Turgeon Pierre
* **Femme comestible, La,** Atwood Margaret
* **Fille laide, La,** Thériault Yves
* **Fille laide, La, 10/10,** Thériault Yves
* **Fleur aux dents, La,** Archambault Gilles
* **Fragiles lumières de la terre,** Roy Gabrielle
* **French Kiss,** Brossard Nicole
* **Fridolinades, T. 1 (45-46),** Gélinas Gratien
* **Fridolinades, T. 2 (43-44),** Gélinas Gratien
* **Fridolinades, T. 3 (41-42),** Gélinas Gratien
* **Fuites & poursuites,** Collectif
* **Gants jetés, Les,** Martel Émile
* **Grand branle-bas, Le,** Hébert Jacques
* **Grand Elixir, Le,** De Lamirande Claire
* **Grand rêve de madame Wagner, Le,** Lavigne Nicole
* **Histoire des femmes au Québec,** Collectif Clio
* **Holyoke,** Hébert François
* **Homme sous vos pieds, L',** Gevry Gérard
* **Hubert Aquin,** Lapierre René
* **Improbable autopsie, L',** Paré Paul
* **Indépendance oui mais,** Bergeron Gérard
* **IXE-13,** Saurel Pierre
* **Jazzy,** Doerkson Margaret
* **Je me veux,** Lamarche Claude

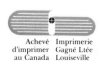

Achevé   Imprimerie
d'imprimer Gagné Ltée
au Canada   Louiseville